Das kleine Zauberbuch

Claire

3. Auflage November 2013
Titelbild: Agnieszka Szuba
www.the-butterfly-within.com

Lektorat: MetaLexis
Satz: nimatypografik

ISBN: 978-3-86608-141-3

Ubooks-Verlag | Wellenburger Str. 1 | 86420 Diedorf
www.ubooks.de

Das kleine Zauberbuch für (fast) alle Lebenslagen

Dies ist ein magisches Praxisbuch, das sowohl Korrespondenzen zum eigenen Arbeiten beinhaltet, als auch fertige Rituale und Rezepturen. Wie in jedem meiner Bücher möchte ich gleich zu Anfang betonen, dass es kein Gesetzbuch ist, sondern der Inspiration für eigene magische Arbeiten und Wege dienen soll.

Feste Rituale können Halt bieten, aber sie können auch einschränkend wirken und einer lebendigen Spiritualität sogar im Weg stehen. Jeder muss seinen eigenen Weg finden und den ganz persönlichen Wohlfühlpunkt zwischen Regeln und eigenen Eingebungen immer wieder ausloten.

Damit sind wir auch schon bei den Themen des Buches. Sie setzen sich aus Bereichen zusammen, die viele Menschen bewegen, wenn sie mit Hilfe von Magie für sich und andere positive Veränderungen bewirken wollen. Die Themen sind nicht neu, vermutlich wurden schon die ersten Schamanen der Menschheitsgeschichte um Rat und Hilfe gebeten, wenn es um die Liebe ging. Waren Zauber früher für üppige Wiesen und zum Schutz des Viehs gefragt, so interessieren sich heutige Menschen eher für die finanzielle Sicherheit und einen halbwegs krisenfesten Job. Doch das Grundthema dahinter ist ein und dasselbe geblieben: Wie sichere und schütze ich meine Lebengrundlage?

Schutz und Abgrenzung sind in diesem Buch ebenso vertreten, wie das Wecken der Lebensgeister. Ich habe dieses Kapitel bewusst nicht mit Worten wie «Heilung» oder «Gesundheit» überschrieben, denn das ist nicht mein Fach. Dafür gibt es Ärzte, Therapeuten der unterschiedlichsten Fachrichtungen und Heilpraktiker, die mit gutem Grund eine fundierte, mehrjährige Ausbildung durchlaufen müssen. Esoterische und alternative Ansätze können eine großartige Ergänzung sein, aber es ist einfach unseriös, die Schulmedizin zu verteufeln und beispielsweise mit Erdbeeren Krebs heilen zu wollen, wie es einige Leute allen Ernstes vorgeben.

Da unser Zuhause der persönliche Hafen in einer immer schneller werdenden Welt ist, habe ich ihm ein eigenes Kapitel gewidmet. In vielen magischen Traditionen wird dem Zuhause und der Harmonie darin besondere Aufmerksamkeit gewidmet, man denke nur an Feng Shui, das diese Betrachtungen zu einer eigenständigen Kunst verfeinert hat. Zu guter Letzt geht es um spirituelle und innere Stärke, die man aus seiner Spiritualität ziehen kann.

Wie Eingangs erwähnt, finden sich zu Beginn jedes Kapitels magische Korrespondenzen. Sie dienen dem individuellen, magischen Arbeiten und können gerne bereichert werden mit dem, was man für sich selbst als besonders stimmig empfindet. Die Korrespondenzen geben besonders geeignete Zutaten für die Gestaltung eigener Zauber wieder, danach bieten Rituale und Rezepte einen Einstieg in die Materie.

Ich habe bewusst Rituale und Rezepte gewählt, die dem praktischen Stil der Volksmagie entsprechen, wie sie vermutlich schon seit Menschengedenken betrieben wird. Es sind einfache Dinge, die äußerst wirksam sind, wenn wir sie mit unserer Liebe, unserem festen Willen und unserem Vertrauen in die göttliche Führung zum Leben erwecken.

Denn diese drei Zutaten kann keine noch so magische Pflanze und kein noch so exotischer Zauberspruch ersetzen: Sie müssen aus uns selbst kommen, um der Magie Leben und Kraft einzuhauchen. Ohne uns selbst, ohne den persönlichen Einsatz geht es einfach nicht. Magie funktioniert nicht wie ein Chemiebaukasten, indem man verschiedene Dinge zusammenmixt und unabhängig von der persönlichen Einstellung stets das gleiche Ergebnis erhält. Die magische Chemie kann nur stimmig sein, wenn man mit Liebe und innerer Offenheit vorgeht.

Es ist an dieser Stelle auch wichtig zu erwähnen, dass Magie eine Erfahrungswissenschaft ist. Es macht überhaupt keinen Sinn zum Beispiel mit einem Duftstoff zu arbeiten, den man absolut nicht mag. Wir haben unsere spirituellen Antennen nicht ohne Grund von Mutter Natur mitbekommen, also sollten wir auch auf die Signale hören, die sie empfangen. Was dem einen regelrecht muffig erscheint wie zum Beispiel Vetiveröl, ist für einen anderen ein angenehmer, zentrierender Duft. Menschen sind unterschiedlich und deshalb sollte man gerade in magischen Dingen den eigenen Sinnen vertrauen und gegebenenfalls nach Alternativen suchen, die besser mit einem selbst harmonieren.

Manchmal handelt es sich dabei nur um Nuancen, die den Ausschlag geben. Wann immer man unsicher ist, ist es eine gute Idee, auf bewährte Rezepte zurückzugreifen. Doch wenn die Intuition, die Erfahrung und die sieben Sinne hilfreiche Hinweise geben, dann tut man gut daran, ihnen zu folgen.

Hinter diesem Teil findet sich eine Liste mit magischen Allroundtalenten, die in jeder Lebenslage weiterhelfen.

Ich habe versucht, die Ritualzutaten ausgeglichen zu halten, damit man mit Freude an die Arbeit gehen kann und nicht von der schwierigen Beschaffung allzu exotischer Dinge oder unerschwinglich teurer Zutaten in seinem Schaffen in die Schranken verwiesen wird. Zudem habe ich Rezepturen mit außergewöhnlich vielen Bestandteilen, die der Praktiker nur in den seltensten Fällen beisammen hat, außen vor gelassen. Was nicht bedeutet, das Ansinnen verwässern zu lassen. Was man tut, sollte einem auch etwas wert sein, sonst kann man es gleich bleiben lassen. Nur ist dieser Wert gerade bei den magischen Künsten nicht unbedingt in Euro und Cent zu bemessen, eher schon in Zeit, bewusster Wahrnehmung und liebevoller Aufmerksamkeit.

Die hier erwähnten Zutaten und Helfer für magische Rituale sind eine Auswahl, die ich treffen musste, sonst kommt man in der Magie ganz schnell vom Hundertsten ins Tausendste. In manchen Büchern finden sich lange Listen zum Beispiel mit Kräutern für bestimmte Themen. Die Autoren haben es gut gemeint, jedoch stellt sich gerade der Anfänger dann über kurz oder lang die Frage, welche der vielen Pflanzen denn nun wirklich optimal für das ganz persönliche Anliegen geeignet ist.

Dieses Buch ist kein Lexikon, sondern ein magisches Praxisbuch. Trotzdem habe ich allen angegebenen Korrespondenzen kleine Stichworte beigefügt, damit man ein Gefühl für die grundsätzliche Ausstrahlung des jeweiligen magischen Helfers bekommt, wenn noch nicht auf eigene Erfahrungen damit zurückgegriffen werden kann.

Inhalt

Liebe

Grundlegende Korrespondenzen und passende Symboliken für eigene Zauberarbeiten

Farben:

helles Pink, rosa, rosé und ähnliche Farbtöne, helles Grün (Romantik, neue Liebe), fuchsia, hellere violett-Töne, kirschrot (Beziehungen festigen, seinen Einfluss geltend machen), weiß (Reinigung, Harmonie, Klarheit, auch: Fruchtbarkeitszauber), schwarz (um unerwünschte Verehrer zu bannen und negative Einflüsse zu lösen), gelb und orange (Freundschaften), silber (Fruchtbarkeit)

Edelsteine:

Bernstein (Freundschaftsmagie), Granat (Liebe für Frauen, auch gleichgeschlechtlich einsetzbar), Jade (Glück bewahren, Harmonie schaffen), Karneol (hat sich für gleichgeschlechtliche Liebe unter Männern bewährt), Koralle (Glück in der Liebe und langfristigen Beziehungen), Lapislazuli (erwachsene Liebe), Mondstein (Fruchtbarkeit und Schwangerschaft), Onyx (unerwünschte Verehrer bannen), Rhodochrosit (Romantik, starke Gefühle), rosa Turmalin (Romantik, Energie in Bewegung bringen), Rubin (ein wenig dominant, am besten nur für eine gute Ausstrahlung verwenden), Turmalinquarz (ein Bergkristall mit schwarzen Turmalinnadeln, Schutz und Abwehr von Negativem), Smaragd (nach alter Tradition der Liebesstein schlechthin, in der Vergangenheit wurde der Venus die Farbe grün zugeordnet, gut für alle Belange in der Liebe), Zoisit mit Rubineinschlüssen (Fruchtbarkeit, positive Entwicklung)

Pflanzen:
Damiana (Erotik und Sinnlichkeit), Dill (ein Machtwort sprechen – Bitte mit Bedacht einsetzen!), Eukalyptus (Liebe erkalten lassen, um beispielsweise Verehrer loszuwerden), Frauenmantel (Zauber rund um die Weiblichkeit), Holunderblüten (Zauber für die Fruchtbarkeit), Kampfer (ebenfalls um unerwünschte oder aufdringliche Zuneigung abzuwenden), Katzenminze (Liebe und Erotik), Kirschbaumharz (Wer einen Garten hat: unbedingt sammeln!, das Harz Nummer eins für die Liebe), Lavendel (Liebe, Kommunikation, Harmonie, wird in vielen Traditionen wegen seiner neutralen Schwingung für gleichgeschlechtlich Liebende empfohlen), Magnolienblätter (Treue und Harmonie), Myrte (Treue, für Bräute, Liebe bewahren und erneuern), Orange (universelle Glückspflanze, Lebensfreude), Passionsblume (Leidenschaft und Harmonie), Patchouli (Sinnlichkeit, starke Zauber), Roter Klee (Glück in der Liebe), Süßholz (sich attraktiv machen, Ausstrahlung), Tonkabohne (Romantik, Sinnlichkeit, Wunscherfüllung), Vanille (sensibel und sinnlich sein), Veilchenwurzel (zieht Liebe an), Zucker (auch: Honig, Rübensirup usw.: Süße in eine Beziehung bringen, Streit mildern, positive Gefühle stärken)

Symbolische Dinge:
Engel, Herzen (natürlich), Pfeile, Ringe, vor allem aber: persönliche Symbole, die man mit der Liebe verbindet

Planetenkräfte/Wochentage:
Freitag (Liebe, Tag der Venus), Sonntag (Heilung und Harmonie, Tag der Sonne), Montag (Wandel und Ge-

fühl; auch: Fruchtbarkeitszauber, Tag des Mondes), evtl. auch Mittwoch (Kommunikation, Gespräche, Dinge klären, Tag des Merkur) und Dienstag (um eine Beziehung kämpfen oder aber: aufdringliche Verehrer in die Wüste schicken, Tag des Mars)

Verbündete (Kraft)Tiere:
Biene (Glück, Gemeinschaft und die Süße des Lebens, aber auch wehrhaft gegen Eindringlinge), Gans (Treue und Familiensinn), Hase (Fruchtbarkeit), Hund (Freundschaften, Treue), Katze (Sinnlichkeit, Selbstbewusstsein, Ausstrahlung), Kröte und Frösche (Fruchtbarkeit, Kindersegen), Schwan (Anmut, Treue, edle Gefühle), Schlange und alle Tiere mit scharfen Krallen und Zähnen (unerwünschte Zuneigung beenden), Tauben (romantische Liebe)

Zauberhafte Anziehung

Sind dies nicht die schönsten Zauber? Unbeschwert möchte man zu neuen Abenteuern aufbrechen, die Liebe ins Leben locken, voller Vorfreude und Neugier, was da wohl an Land gespült werden mag!

Wirklich? Leider nicht ganz. Wenn ich mich mit Freunden oder Klienten unterhalte, die nach einer neuen Liebe suchen, dann sieht das oft ganz anders aus. Viele sind unsicher und nicht wenige Ängste, besonders die vor einer möglichen Ablehnung, durchziehen dieses Thema. Manche empfinden es als persönlichen Makel, Single zu sein. Frauen machen sich Sorgen um ihre Anziehungskraft, bei Männern ist es eher ein Gefühl des Versagens, aber beide eint die Frage: Was mache ich nur falsch? Warum haben die größten Zicken und die lächerlichsten Machos nie solche Sorgen, während ich als liebenswerter Mensch noch immer auf der Suche bin?

Die Ironie des Schicksals liegt darin, dass es vor allem die persönliche Haltung ist, die verantwortlich dafür ist, was einem in Liebesdingen widerfährt. Positives Denken zieht eine ganz andere Wirkung nach sich, als ängstliches Grübeln. Was den erwähnten positiv denkenden Zicken und Machos einen klaren Vorteil gibt, denn sie machen sich diese Sorgen einfach nicht. Fast jeder kennt das Phänomen: Genau dann, wenn man erst einmal genug von Partnerschaften hat und seine Ruhe will, taucht jemand am Horizont auf, der Interesse an einem hat.

Die folgenden Mischungen und Rezepte wirken auf zwei Ebenen: einmal durch die Zutaten als solche, auf der aromatherapeutischen Ebene. Dies ist der grobstoffliche Aspekt. Magische Rezepturen hören an diesem Punkt aber nicht auf, sie gehen noch einen Schritt weiter ins Feinstoffliche hinein und zeigen von dort aus zauberhafte Wechselwirkungen mit unserem ganz alltäglichen Leben.

Mit einer magischen Handlung, vom kleinen Glücksbringer bis zum ausgefeilten Ritual, erschaffen wir auf der feinstofflichen Ebene, was sich anschließend in unserem Leben manifestieren soll. Wir setzen ein Leuchtfeuer in die Welt der Ideen, das sein strahlendes Licht auf uns zurückwerfen wird.

Liebesöl

Dieses Öl nutzt man für Kerzen, aber auch als leichtes Parfum, um die Liebe anzulocken. Es geht dabei weniger um den Duft, als vielmehr um die Schwingung der verwendeten Zutaten, so dass es auch sehr gut von Männern angewendet werden kann.

Nimm etwa 100 ml Basisöl (Sonnenblumen-, Mandel- oder Aprikosenkernöl sind besonders gut) und gibt je einen Teelöffel rote Rosenblüten (Alle Zutaten der Rezepte sind, soweit nicht anders angegeben, getrocknet zu verwenden), Orangenblüten und Iriswurzel dazu. Wer eher auf erotische Abenteuer aus ist, verwendet anstelle der Iriswurzel Damiana.

Nähere Informationen zum Salben des Körpers, siehe Anhang.

Die Kraft der Schafgarbe

Ein umgangssprachlicher Name der Schafgarbe ist «Augenbraue der Venus», was sich auf die Form ihrer zart gefiederten Blätter bezieht. Trotz ihres würzigen Duftes ist sie dem Planeten Venus zugeordnet. Wer genau schaut, wird aber auch die Kräfte des Mondes (weiße Blütenblätter) und des Saturn (fester Stängel, sie behält ihre Form bei, wenn sie trocknet) entdecken.

Als Pflanze wird sie jedem bekannt sein und im Sommer sollte man sich ruhig aufmachen, um für eine eigene Ernte zu sorgen. Es macht immer einen Unterschied, ob man etwas selbst pflückt oder abgepackt in Tüten kauft. Nicht jedes Mal kommt man umhin, etwas fertig zu kaufen, aber wenn es so einfach ist, wie bei der Schafgarbe, dann sollte man das auch ausnutzen.

Aus der Schafgarbe kann man Ölauszüge herstellen, aber noch wirksamer ist ihr Puder. Magische Puder waren auch unseren Vorfahren nicht unbekannt, so streute man beispielsweise besondere Gemächer auf den Burgen mit duftenden Kräutern aus und ein paar hundert Jahre zuvor ließ Cleopatra die Böden ihrer Paläste mit duftenden Rosenblättern bedecken. Eine schöne Vorstellung, nicht wahr? Aus der heutigen Wohnkultur sind duftende Streumischungen für den Boden verschwunden, gerade einmal Potpourris in kleinen Schalen erinnern an diese Tradition.

Wann immer ich jemandem vorgeschlagen habe, zumindest die Ecken mancher Räume für einen bestimmten Zeitraum mit getrockneten Pflanzen einzustreuen, erntete ich zuerst skeptische Blicke, aber einige haben es dann doch probiert und die Ergebnisse sprechen für sich.

Mische etwa eine Tasse voll Schafgarbe mit 1/2 Tasse Rosenblättern und 1/2 Tasse Minzeblättern, streue sie dann (im Uhrzeigersinn) an einem Freitag bei zunehmendem Mond in die Ecken deines Schlafzimmers, bei der Tür beginnend. Streue auch noch etwas unter die Matratze und entferne das «Streu» erst am darauffolgenden Freitag, der idealerweise noch vor dem Vollmond liegen sollte. Wirf die Kräuter anschließend in einen Fluss oder Bach. Die Kräuter stehen symbolisch für die Liebe und haben nun die «vibrations» deiner Wohnung aufgenommen. Der Fluss steht symbolisch für den Lebensfluss und wird somit deinen Wunsch nach einer neuen Liebe transportieren, damit er wahr wird.

Beziehungen festigen

Wenn ich darüber schreibe, wie man Beziehungen mit magischer Hilfe festigen kann, dann ist mir bewusst, dass dieses Thema von manchen Theoretikern rundweg als «Manipulation» abgelehnt wird. Aber holen wir die Diskussion einmal vom Kopf zurück auf die Füße, denn mit solchen Verallgemeinerungen kommt man im praktischen Leben nicht weit.

Dieser Logik folgend dürfte man sich weder für ein Date hübsch zurechtmachen, noch Blumen verschenken oder einander liebevolle Zeilen widmen – alles schließlich bewusste Manipulationen, um den anderen positiv zu beeinflussen und geneigt zu machen! Menschen beeinflussen einander jeden Tag, mal bewusst, mal unbewusst. Da es im magischen Bereich um eine bewusste Beeinflussung geht, sollten wir uns also ein paar Gedanken dazu machen.

Zuerst einmal: Man kann nichts festigen, was gar nicht da ist. Das hört sich auf dem Papier nicht verwunderlich an, aber in der Praxis läuft oft das Gegenteil ab. Wie schnell ist dann die Rede von «Blockaden» oder «Bindungsängsten», von denen der/die Liebste angeblich befallen sein soll. Auch eine in den Tiefen der Seele verborgene «Restliebe» macht gern die Runde, wenn man sich mit letzter Hoffnung an einen anderen Menschen klammert. Das Wort muss man sich einmal auf der Zunge zergehen lassen! Wer will denn nur den letzten Rest? Andererseits neigt man im Liebeskummer natürlich leicht dazu, sich so etwas einzureden, wem würde das wohl anders gehen? Und manchmal stimmt es sogar, aber eben nur manchmal!

Wenn Beziehungen nicht mehr das sind, was sie einmal waren, kann das allerdings auch einer ganz natürlichen Entwicklung geschuldet sein: aus Verliebtheit wird Liebe. Die Gefühle werden sanfter, doch tiefgehender. Ja, es kommt auch der Alltag hinzu. In unserer schnelllebigen Zeit mit ihren zum Teil irrwitzigen Vorstellungen von euphorischer Dynamik und ewiger Romantik wird dieser natürliche Übergang der Gefühle für manche zur unüberwindbaren Herausforderung. Das Normale wird zum Beängstigenden. Dann heißt es schnell: Ich möchte meine Beziehung festigen! Was übersetzt so viel heißt wie: Ich möchte ewig den Rausch der Verliebtheit erleben. Leicht, spielerisch – aber irgendwie auch unverbindlich, nicht wahr?

Wann sind solche Zauber also grundsätzlich angebracht? Sie sind angebracht, wenn man den Wunsch hat, eine positive Veränderung in die Wege zu leiten und bereit ist, auch auf der praktischen Ebene daran zu arbeiten. Eine afrikanische Zauberin erzählte mir einmal, dass man bei vielen ihrer Rituale neben den Opfergaben und seinen Wünschen auch ganz klar ansagen muss, was man selbst bereit ist, für den Erfolg zu leisten – erst dann entscheiden die Götter, ob sie den Fall annehmen.

Dieser Gedanke wird hierzulande gern vernachlässigt, aber weder die Götter, noch das Schicksal, Gott oder wen auch immer man ansprechen möchte mit seiner Zeremonie, sind dazu verpflichtet, einem zu helfen. Man darf sie darum bitten, sollte jedoch schon etwas Einsatz zeigen, damit sie wissen, dass ihre Hilfe geschätzt wird, denn sie werden ihre Energie nicht für unwürdige Anfragen verpulvern.

Ganz praktisch bedeutet das zum Beispiel: vor der eigenen Tür zu kehren, sich selbst und die eigenen Erwartungen zu überprüfen und gegebenenfalls daran zu arbeiten. Es bedeutet auch, dem anderen zuzuhören und missliebige Punkte nicht gleich beiseitezuwischen, sondern sie zunächst ohne Wertung stehen zu lassen, als etwas, was diesen nun einmal bewegt.

Es ist kein Widerspruch, dass man loslassen muss, um zu empfangen. Ein Sprichwort bemerkt dazu ganz passend: Was du liebst, lass frei. Das Ziel solcher Zauber darf niemals eine unnatürliche Bindung sein. Sie sind dazu da, etwas anzustoßen, das beide Partner weiter bringt.

Eine Liebesflasche gestalten

Zauberflaschen gehören, wie auch Mojos, Glücksbeutelchen oder andere Zauber dieser Art, zu den magischen Methoden, mit denen man einen Kosmos im Kleinen erschafft, als Symbol für die angestrebte Veränderung im Großen. In dieser Beschreibung gebe ich lediglich die Methode der Herstellung an, wie du deine Flasche verzieren möchtest, das überlasse ich deiner Kreativität, damit sie ein echtes Unikat wird.

Magische Flaschen sollten undurchsichtig sein, dafür kann man stark eingefärbtes Glas wählen oder ein Keramik/Porzellangefäß als «Flasche» verwenden. Dieser Zauber sollte bei zunehmendem Mond in Stier oder Waage ausgeführt werden, ideale Wochentage sind Montag (Wandel), Mittwoch (Kommunikation), Freitag (Liebe) oder Sonntag (Harmonie, Heilung, positive Energie). Nicht immer hat man das Glück, dass man einen solchen Tag erwischt. Fühle dich frei, deinem Gefühl zu vertrauen, es ist der beste Kompass, den es gibt.

Entzünde eine zart rosafarbene oder weiße Kerze, bevor du die Flasche herstellst, bitte darum, dass deine Arbeit gesegnet ist und dass der göttliche Beistand ihre Energie in die richtige Richtung lenken möge. Lass dir bei dieser magischen Arbeit Zeit, damit du durch eine konzentrierte Stimmung genügend Kraft aufbaust. Die Art und Weise, wie wir arbeiten, ist die entscheidende Zutat eines jeden Zaubers. Empfehlenswert wäre, auf Musik zu verzichten und den Raum etwas abzudunkeln. Passende Düfte (beispielsweise für Räucherwerk oder in der Duftlampe) sind Palmarosa, Patchouli oder Ylang Ylang.

Gib in die Flasche zwei kleine Rosenquarze als Symbol für euch beide, einen blauen Calcedon (Kommunikation), einen Bergkristall (Klarheit, Offenheit), eine Tonkabohne (Liebe, Wünsche) und einen Esslöffel flüssigen Honig. Darüber gibst du einen kräftigen Schluck Himbeergeist (alternativ: Rosenwasser, wenn man Alkohol ablehnt) und dann wird die Flasche verschlossen und im Schlafzimmer aufbewahrt.

Zauberei mit Karten

Spiel- oder auch Tarotkarten werden von den meisten als eine Art Empfänger angesehen: Durch die Karten empfängt man innere und äußere Botschaften, macht sie sichtbar und setzt sie in Beziehung zueinander, um zu neuen Erkenntnissen zu gelangen. Man kann sie aber auch umgekehrt zum Sender machen, indem man Karten bewusst als Symbole in Zaubern und Ritualen einsetzt.

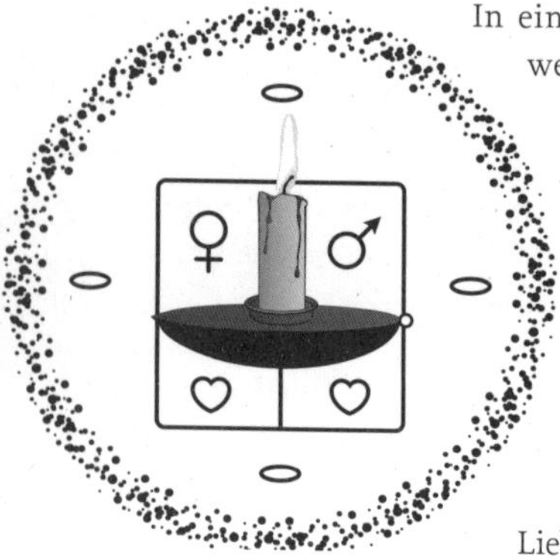

In einem Kartenspiel verwendet man dafür in der Liebe die Herz Königin und den Herz König, in einem Tarotspiel die Königin der Kelche und den König der Kelche, also die klassischen Personenkarten, wenn es ums Gefühl geht. Beide Karten werden dicht nebeneinander gelegt, als Symbol glücklicher Liebe. Insgesamt vier Rosenquarze (Liebe) oder Granatsteine (neue Energie, Leidenschaft) werden kreisförmig um die Karten gelegt. Nun streut man einen Kreis aus Rosenblüten, Orangenblüten und Minze darum. Anschließend ölt man eine rosa- oder pinkfarbene Kerze mit Minzöl und Orangenöl ein und entzündet sie in einem Kerzenhalter, der direkt auf den Karten steht.

Wenn die Kerze vollständig heruntergebrannt ist, bewahrt man die Karten zusammen mit den Steinen, etwas Wachs der Kerze und mehreren Prisen der Kräuter in einem weißen Tuch auf, bis der Zauber wirkt.

Die Kunst der Versöhnung

Streit muss nicht zwangsläufig negativ sein, oft erfüllt er die Funktion eines reinigenden Gewitters. Was unter den Tisch gekehrt wurde, kommt nun ungeschönt ans Licht. Leider vermischt sich dies gerne mit ganz anderen Themen, wie wunden Punkten aus der Kindheit, so dass die Mischung explosiv werden kann und der Ton an Schärfe gewinnt.

Auch wenn man Frauen gemeinhin Nachgiebigkeit und Sanftheit nachsagt, sind es meist die Männer, die mit Konflikten in der Partnerschaft Probleme haben. Man(n) zieht sich ins Schweigen zurück, die Energie des Konflikts bleibt stecken und kann nicht mehr zur dynamischen Lösung des Problems beitragen. Wie schwelende Gasflämmchen auf einem Sumpf breiten sich diese seelischen Irrlichter aus und flackern bei der nächstbesten Gelegenheit wieder auf.

Manchmal bilden sich «blinde Flecken», dann werden bestimmte Bereiche einfach gar nicht mehr angesprochen, sondern für tabu erklärt «... weil wir uns ja doch jedes Mal streiten». Oft zeigt sich die stecken gebliebene Energie aber auch umgekehrt darin, dass man sich bestimmte Sachen immer und immer wieder vorhält.

Die reinigende Kraft eines Streits zum Wachstum einer Beziehung zu nutzen, ist also gar nicht so einfach und kann hier nur angerissen werden. Vieles davon gehört eher in den psychologischen, als in den magischen

Bereich. Doch auch die Magie hat sich seit jeher Gedanken um dieses Thema gemacht und klärende, reinigende, aber auch besänftigende Formeln und Rituale gefunden, um wieder zu einem konstruktiven Miteinander zu finden.

Honigglasmagie

Magische Rezepturen rund um das Honigglas sind vor allem unter der afroamerikanischen Bevölkerung sehr beliebt. Hier mag die Verbindung zur Liebes- und Flussgöttin Oshun (auch Oxum) eine wichtige Rolle spielen, zu deren bevorzugten Opfergaben Honig zählt. Der Tradition nach muss man diesen zuerst verkosten, bevor man ihn ihr anbietet. Dies soll darauf zurückgehen, dass einst versucht worden ist, sie mit Honig zu vergiften. Vermutlich handelt es aber auch eine kleine Initiation in die Süße der Oshun, die dadurch stattfindet.

Für diesen Zauber schreibt man die Namen aller Streitenden (auch derer, die von außen hineinfunken, wenn das der Fall ist) auf einzelne Zettel. Diese Zettel sollten aus weißem Papier sein, sie sollten sauber mit einer Schere geschnitten und keinesfalls ausgerissen sein. Am besten verwendet man einen dünnflüssigen Honig guter Qualität. Ein wichtiges Detail: Der Deckel des Glases sollte unbedingt aus Metall bestehen.

Zuerst entnimmt man etwas Honig, um Platz zu schaffen, danach gibt man fünf Zimtstangen und etwas frisches Basilikum in den Honig. Fünf blank geputzte Fünf-Cent-Stücke ergänzen die Zutaten, danach dürfen die Namenszettel im Glas versenkt werden. Sollte nach oben noch Luft sein, füllt man mit dem anfangs entnommenen Honig auf, das Glas wird verschlossen. Der restliche Honig kann in der Küche verwendet werden.

Nun nimmt man weiße (Harmonie), gelbe (Lieblingsfarbe von Oshun, Kraft der Sonne, Lebensfreude) und zart rosafarbene (Liebe, sanfte Gefühle) Kerzen, die auf das Glas gestellt und dort entzündet werden. Die Auswahl der Farben kann ganz nach Gefühl erfolgen, wer sich unsicher ist, verwendet weiße Kerzen. Traditionell entzündet man die Kerzen auf dem Honigglas jeweils montags, mittwochs und freitags und verwendet das Glas so lange, bis der Wunsch in Erfüllung gegangen ist.

Das weiße Bad

Dieses Bad ist in seinem Aufbau ebenfalls den westafrikanisch basierten Kultur der Neuen Welt entlehnt, die eine reiche Tradition spiritueller Bäder pflegt. Man benötigt dafür zwei bis drei Tassen Kokosmilch, acht weiße Nelkenblüten und reichlich weiße Teelichter um die Wanne herum. Als Duftöle sind sanfte Nuancen empfehlenswert, ein Hauch Grapefruit, Lavendel oder Blütendüfte sind besonders geeignet. Wer mag, kann auch auf (synthetisches) Kokos- oder Mandelduftöl in kosmetischer Qualität zurückgreifen.

Zuerst wird die Wanne mit Wasser, der Kokosmilch und zwei bis drei Tropfen des gewählten Duftöles gefüllt, dann werden die Kerzen entzündet und die Blütenköpfe sanft auf das Wasser gesetzt. Wenn alles bereit ist, steigt man schließlich selbst in die Wanne und bittet darum, sich zu entspannen, eine neutrale und klare Sicht der Dinge zu entwickeln und alle hinderlichen Spannungen «mit dem Bade auszuschütten». Nach dem Bad trocknet man sich nicht ab, sondern lässt das Wasser auf der Haut trocknen.

Der Umgang mit «Eindringlingen»

Wenn sich eine dritte Person zwischen zwei Liebende schiebt, wird oft angenommen, dass in einer Beziehung grundsätzliche und tief reichende Probleme vorherrschen müssen. Nur so sei zu erklären, dass die oder der «Andere» überhaupt die Chance hat, sich einzumischen. Das kann natürlich wirklich so sein, muss aber nicht zwingend zutreffen. Menschen sind kein Uhrwerk und ihre Emotionen sind es noch viel weniger.

Wenn man mit älteren Paaren spricht, die ein Leben lang zusammen sind, dann wird man fast immer hören, dass es Phasen gab, in denen dritte Personen eine Rolle spielten. Zur Liebe gehören auch Phasen, in denen es aus ganz verschiedenen Gründen nicht so gut läuft. Nicht immer liegen diese Gründe bei den beiden Partnern. Wenig Zeit, eine hohe Arbeitsbelastung, die lieben Kleinen wollen auch versorgt sein, man sieht sich nur am Wochenende richtig und auch dann wird am Sonntagabend oft schon wieder für die Firma gearbeitet. Gefühle brauchen Zeit, um empfunden und ausgedrückt zu werden. Die Arbeitswelt nimmt darauf keine Rücksicht und wer hat schon die Wahl, ob und wie er seinen Unterhalt mit Arbeit verdienen möchte?

Auch Geldsorgen, Krankheiten oder die berühmte Schwiegermutter (nicht immer muss der Eindringling eine Geliebte sein, oft genug vergisst auch die sprichwörtliche erste Liebe eines Mannes das Loslassen) können für genügend Stress sorgen. Und wie das Schicksal so spielt, taucht meist genau dann eine Dame oder ein Herr am Horizont auf und bei der/dem ist alles so einfach und locker ...

Um eines ganz klar zu sagen: Die folgenden Zauber sind dafür gedacht, einer Beziehung Luft zum Atmen zu verschaffen, damit man sich als Paar neu finden kann. Es geht nicht darum, irgendjemanden auszustechen, sondern darum der Liebe zweier Menschen eine neue Chance zu geben.

Wenn man merkt, dass die Gründe für das Auseinanderdriften in den Partnern selbst begründet liegen (als Beispiele seien ständige Eifersucht, zu unterschiedliche Charaktere oder Lebensziele genannt), dann muss man zunächst ganz praktisch an diesen Baustellen arbeiten oder generell neue Wege ins Auge fassen. Magie ist kein Allheilmittel, nicht alles ist machbar und auch nicht alles ist gut. Ehrlichkeit mit sich selbst ist die erste Pflicht eines jeden, der bewusst und positiv mit Magie arbeiten möchte.

Magischer Puder für die Ecken

Diesen magischen Puder streut man in die Ecken der Wohnung, und bevor die guten Hausfrauen unter meinen Lesern nervös werden: Es muss kein Berg davon sein. Magie wirkt durch Bewusstsein und die Substanz als solche, nicht durch ihre Masse, auch wenn sich das noch nicht überall herumgesprochen hat.

Für diesen Puder mischt man Rosmarin, Lavendel, Rosenblüten, eine Prise Zucker, Beifuß sowie das Mark einer Vanilleschote und pulverisiert sie gründlich. Ob man dafür einen Mörser oder den Mixer wählt, ist letztlich eher eine Frage der persönlichen Überzeugung, als der Wirkung. Ich empfehle die schweren, chinesischem Mörser aus schwarzem Stein, aber ich kenne auch Hexenschwestern, die alles einmal durch den Mixer schicken – geschadet hat es ihren Mischungen nicht.

Wenn die Zutaten gründlich zerkleinert sind, gibt man sie noch einmal durch ein feinmaschiges Sieb und fügt zwei bis drei Tropfen Zitroneneisenkrautöl (alternativ: Lavendelöl) hinzu. Die Mischung sollte über Nacht ruhen und ist danach einsatzbereit. Man verteilt sie von der Wohnungstür ausgehend entgegen dem Uhrzeigersinn in jeder Ecke des Hauses oder der Wohnung.

Dort darf sie einen, drei oder sieben Tage lang liegen, je nach Schwere der Situation. Danach wird sie mit dem Handfeger im Uhrzeigersinn aufgekehrt und direkt zur Tür hinausgetragen und in den Müll gegeben. An dieser Stelle bitte keinen Staubsauger verwenden, denn als Minibesen folgt der Handfeger der Symbolik des Besens, die vor allem Reinigung und die gezielte Leitung von Energie umfasst.

Alternative: Wer sich nicht damit anfreunden kann, den Puder direkt in die Ecken zu streuen, kann auch kleine Duftsäckchen anfertigen und sie in die Nähe der Ecken und neben den Wohnungseingang platzieren.

Eine Meditation für Gelassenheit

Die Dinge sind, wie sie gerade sind. Alles andere ist unsere Wahrnehmung und liegt damit auch in unserer Verantwortung. Die Zukunft ist noch nicht da, also sollten wir aus dem Jetzt das Beste machen. Etwas

Schlimmes kann jedem passieren, aber spannend ist, wie unterschiedlich Menschen damit umgehen.

Die einen versuchen, das Beste daraus zu machen, manche sehen die Schuldigen in allen anderen und wiederum einige (wenn nicht sogar die meisten) beginnen, es sich selbst anzulasten. Es ist immer wieder erschreckend, wie negativ viele von uns mit sich selbst umgehen. Zusätzlich zu den widrigen Umständen würgt man sich dann auch noch selbst eins rein, zweifelt an sich, zieht sich mit Ängsten den letzten Boden unter den Füßen weg.

Ist man zu aufgewühlt, fehlt auch die nötige Fokussierung für die magische Arbeit, dann rennt man mit wehenden Fahnen vor die Wand. Wenn Magie zielgerichtet arbeiten soll, muss man sich zuerst einmal bewusst entspannen und fokussieren. Eine besonders schöne Meditation zu diesem Zweck benötigt ein Teelicht, etwas Minzöl (klarer Geist) und eine Stecknadel, mit der man die Rune Uruz in das Teelicht zeichnet. Uruz gibt Stärke, verbindet Körper und Geist und hilft, sich zu erden, wenn man das Gefühl hat, das Leben fliegt einem gerade um die Ohren.

Man macht es sich nun gemütlich vor dem Teelicht und meditiert in Ruhe darüber, wie man die gegebene Situation nutzen kann, um aus ihr zu lernen. Bewusst sollten auch negative Gedanken aufgespürt werden, nur so kann man ihnen ihre Schärfe nehmen und sie durch realistische Sätze ersetzen. Viele Dinge nimmt man in Gedanken vorweg, die man in Wirklichkeit gar nicht wissen kann und malt damit in den düstersten Farben das Bild der Zukunft – auch das ist übrigens Magie und, ja, sie wirkt. Man sollte vorsichtig sein damit, denn was man sich ein-bild-et, das bildet sich irgendwann auch aus – nämlich im täglichen Leben.

Nach diesem Ritual bläst man das Teelicht aus (in diesem Fall ist Ausblasen erlaubt) und verwendet es am nächsten Abend oder zum nächsten Meditationszeitpunkt erneut. Ist es aufgebraucht, fängt man ein neues Teelicht an, bis man wieder zu sich gefunden hat.

Sich als Paar wieder erkennen

Für diesen Zauber brauchst du einen Spiegel und eine weiße Kerze, einen Bergkristall, sowie etwas Lavendelöl und ein Foto von euch beiden als Paar, gegebenenfalls kann man auch zwei Fotos zusammenkleben oder beide Namen auf ein Stück Papier schreiben und mit einem Kreis (im Uhrzeigersinn) umranden. Ziel ist es, sich wieder zu erkennen – zu sehen, was im anderen steckt und selbst wieder wahrgenommen werden.

Aber bitte nicht ausblenden: Ist nichts mehr vorhanden, dann wird auch nichts kommen! Es geht in diesem Zauber nicht um Illusionen, sondern um Aufrichtigkeit. Ist der entscheidende Funke doch noch vorhanden, dann kann er damit sanft entfacht werden.

Streiche dafür den Spiegel mit Lavendelöl ein, am besten benutzt du einen völlig neuen Spiegel, den du zuvor mit warmem Salzwasser abgewaschen und mit kaltem, klarem Wasser abgespült hast. Lege nun das Foto mit der Bildseite auf den dünn eingeölten Spiegel und gib den Bergkristall darauf. Lass es so liegen, bis sich erste Veränderungen zeigen. Gib den Spiegel samt Foto und Bergkristall danach in ein fließendes Gewässer und danke den guten Geistern für ihre Hilfe.

Unerwünschte Verehrer loswerden

Nicht immer ist Liebe gewollt, aber manchmal ist es schwer, das einem anderen zu vermitteln. Damit wir uns gleich richtig verstehen: die folgenden Zaubertechniken sind dafür gedacht, die unsichtbaren Bänder zu lösen und neue Wege zu gehen. Sie dienen dazu, eine Grenze zu ziehen. In schweren Fällen, wie dem Stalking, wenn die «Liebe» in Wirklichkeit eine psychische Erkrankung ist, sollte man niemals zögern, weitere Hilfe in Anspruch zu nehmen, zum Beispiel indem man sich beim Weißen Ring oder von einem Anwalt beraten lässt, Beweise sichert und natürlich Anzeige erstattet.

In die Nesseln setzen

Für diesen Zauber benötigt man ein Symbol desjenigen, den man aus gutem Grund bannen möchte. Das kann ein Foto der Person sein, der Name auf Papier geschrieben oder ein Gegenstand, der ihr/ihm gehört hat. Man legt dieses Symbol für die Person nun auf ein schwarzes Blatt Papier. Die Farbe schwarz hat nichts mit Negativem zu tun, sie dient in diesem Zauber der Bannung dazu, das Negative aufzusaugen und zu transformieren. (siehe Farbbedeutungen in meinen anderen Büchern)

Nun legt man um das Symbol oder Foto einen Kreis aus Brennnesseln, am besten frisch gepflückt, zur Not können sie aber auch getrocknet sein. Über die Brennnesseln gibt man etwas Angelikawurzel, das ist wichtig, damit der Zauber nicht ins Negative kippt, sondern trotz seiner eindeutigen Aussage positive Bahnen beschreitet.

Außerhalb des Kreises werden nun vier weiße Teelichter entzündet die zuvor mit Pfefferöl eingerieben und mit einer kleinen Prise Meersalz bestreut wurden (alternativ zum ätherischen Öl des Pfeffers: ein wenig schwarzen Pfeffer in Olivenöl zerstoßen und zum Salben der Kerzen nutzen). Der Pfeffer bringt Energie, das Salz bannt alles Negative. Was sich im ersten Moment wie Küchenmagie anhört, hat eine wohldurchdachte Symbolik. Wir dürfen nicht vergessen, dass magische Zutaten wie Salz und Pfeffer für unsere Vorfahren kostbare Güter waren. Nur weil sie heute erschwinglicher sind, haben sie nichts von ihrer Kraft eingebüßt.

Wenn die Teelichter erloschen sind, gibt man sie in die Mitte des Papiers und faltet es zu einem Päckchen zusammen. Dabei faltet man immer vom Körper weg und verschnürt das Päckchen mit einem weißen Faden. Man bringt es in einen Mülleimer an einer Kreuzung, wer eine persönliche Verbindung zu den Göttinnen pflegt, bittet dort Hekate um Hilfe in der betreffenden Angelegenheit. Auch der eigene Schutzengel, der Heilige Michael oder Cerridwen können, je nach persönlicher spiritueller Ausrichtung, angerufen werden. Ich schreibe das niemandem vor, jeder muss seinen eigenen Weg finden und es ist nicht sinnvoll, sich zu verbiegen.

Festgenagelt
Für diesen Zauber brauchst du einen großen Nagel, einen entsprechend großen Hammer und Packpapier. Du schreibst den Namen der unerwünschten Person auf einen Zettel aus Packpapier, dessen Seiten ausgerissen sein sollten (nicht mit der Schere schneiden). Traditi-

onell wird ein schwarzer Stift oder schwarze Tinte empfohlen, denn schwarz bannt alles Negative.

Mit dem Zettel, sowie Hammer und Nagel gehst du an eine wirklich abgelegene Stelle, die du normalerweise nicht aufsuchen würdest. Ideal wäre eine Verbindung zum Thema «Ende», die Nähe einer Mülldeponie, ein verrottender Baum, eine Einöde, eine Endstation der S-Bahn weit weg von deiner Wohnung – lass einfach deine Phantasie ein bisschen spielen, ein Stadtplan kann hierfür eine großartige Hilfe sein.

Dort legst du das Papier auf die Erde und konzentrierst dich darauf, dass diese Person nie wieder einen negativen Einfluss auf dein Leben haben soll. Setze im Bewusstsein deiner Würde als freier Mensch den Nagel auf die Mitte des Papierstückes und konzentriere dich noch stärker. Atme ein, ziele genau und dann schlag den Nagel mit voller Wucht in den Boden (der nicht gerade aus Granit sein sollte, das versteht sich von selbst), während du mit voller Wucht ausatmest und dabei deutlich «Nein!» sagst. Fühle für einen Moment das starke Aufflammen deiner Energie, dann geh deiner Wege und lass den Zettel festgenagelt, wo er ist. Irgendwann wird Mutter Natur ihn lösen, wenn genügend Zeit vergangen ist. Gehe heim, ohne dich umzusehen.

Dieser Zauber ist sehr einfach und außer einem gut sortierten Handwerkskasten braucht man kaum etwas dafür. Manche machen den Fehler, das Einfache und Klare zu unterschätzen. Übrigens nicht nur in der Magie, das gilt für das ganze Leben. Es steht jedem frei, so üppig und umfangreich, wie er mag, zu arbeiten. Aber in der Not haben viele weder die Zeit noch die Nerven und manchmal auch nicht das Geld für großartige Zeremonien.

Dann ist die praktische Magie gefragt, die mit ein paar Zutaten und einem festen Willen genau dasselbe Kunstwerk vollbringt, wie eine sizilianische Großmutter in der Küche: aus wenigen Zutaten ein stimmiges Kunstwerk zu kochen. Unsere Kunst ist in diesem Fall die Magie.

Liebesmagie für Homosexuelle

Kaum ein Magiebuch nimmt sich dieses Themas an, was ich nicht ganz zeitgemäß finde. In Beratungen erlebe ich oft, dass erst ganz zaghaft angefragt wird, ob man da überhaupt etwas machen kann. Man(n) kann. Und Frau sowieso. Grundsätzlich kann man als gleichgeschlechtlich Liebende/r auch mit normalen Liebeszaubern arbeiten, wenn sie nicht gezielt (durch Symbole oder Ähnliches) auf die Frau-Mann-Struktur hinarbeiten.

Was übrigens nicht möglich ist, ist eine Veränderung der persönlichen Vorlieben mittels Magie. Es mag sich erstaunlich und auch etwas erschreckend anhören, doch manche führen so etwas tatsächlich im Schilde. Selbst wenn es funktionieren würde, wäre es lupenrein schwarze Magie. Abgesehen davon zeugt es von allem, bloß nicht von Liebe, denn Liebe bedeutet, den anderen so anzunehmen, wie er oder sie nun einmal ist.

Man kann magisch sanfte Impulse geben (die es dem anderen jedoch offenlassen, darauf zu reagieren), aber man kann keine Situation gewaltsam umkrempeln, ohne dass diese Gewalt auf einen zurückschwappen wird.

Lavendelmojo

In den afroamerikanischen Traditionen wird immer wieder der Lavendel genannt, wenn sich gleich und gleich zueinandergesellen sollen. Die Pflanze ist aufgrund ihres Duftes der Liebesgöttin Venus unterstellt, doch die zartvioletten Blüten sprechen die Sprache des androgynen Merkur. Etwas weniger esoterisch ausgedrückt: Lavendel steht für Liebe in alle Richtungen.

Ein Mojo (sprich: modscho) ist ein magisches Zaubersäckchen, in welchem man symbolische Zutaten vereint, die in ihrer Gesamtheit den individuellen Wunsch ausdrücken.

Für Frauen:
an einem Freitag (Venustag) herstellen
Edelstein: Granat oder Rosenquarz
Pflanzen: 2/3 Lavendel, 1/3 Orangenblüte
Farbe des Stoffes: Beeren-Töne
Farbe des Bandes: orange
ein Zwei-Cent-Stück

Für Männer:
an einem Dienstag (Marstag) herstellen
Edelstein: Karneol
Pflanzen: 2/3 Lavendel, 1/3 Patchouli (Wem der Duft zu schwer ist: Moschuskörner sind ebenfalls sehr gut geeignet.)
Farbe des Stoffes: helles grün
Farbe des Bandes: pink
ein Zwei-Cent-Stück

Das Mojo wird am entsprechenden Wochentag mit den Zutaten gefüllt, dreimal mit dem Band umschlungen und mit drei Knoten verschlossen. Man kann dazu Kerzen entzünden und sich eine schöne Stimmung schaffen, es geht hier nicht um eine bestimmte Form des Rituals, sondern darum, dass einen die geschaffene Stimmung beflügelt.

Wichtig ist, dass man während der magischen Arbeit betet und seinen Wunsch in eigenen Worten aus dem Herzen heraus ausdrückt. Beten (siehe Exkurs) ist eine spirituelle Technik, die fast ein bisschen altmodisch geworden ist. Viele denken dabei an die Kirche, aber die hat diese alte Technik auch bloß von früheren Religionen übernommen. Beten bedeutet: Kontakt zur höheren Macht aufzunehmen, wie auch immer man diese für sich persönlich nennt oder ob man ihr überhaupt einen Namen geben möchte.

Das fertige Mojo trägt man bei sich (Handtasche oder Hosentasche) oder man legt es an einen Platz in der Wohnung, der etwas Besonderes ist, sei es ein kleiner Altar, eine Kerzen- oder Fotoecke. Der erste Gedanke ist hier meist der Beste!

Tipps für Kerzenfarben

Es wäre mehr als klischeehaft, wollte man lesbischen Paaren zu rosafarbenen und schwulen Paaren zu babyblauen Kerzen für die Liebesmagie raten. Letztendlich können dieselben Kerzenfarben benutzt werden, wie in allen anderen Liebeszaubern auch. Ich habe allerdings gute Erfahrungen mit frischen, hellgrünen Farbtönen für die Frauen gemacht, was damit zusammenhängt, dass dieses saftige Grün eine der traditionellen Farben der Liebesgöttin Venus ist.

Für schwule Paare haben sich zusätzlich zu

den üblichen Farben für die Liebe besonders die Farben des Merkur bewährt: pastellige Töne, gelb, leuchtendes Blau (mittel, weder zu hell noch zu dunkel), violett oder orange.

Freundschaftsmagie

Freundschaften können viele Gesichter haben, mal ist man sich näher, dann wieder weiter entfernt, aber eines ist man immer, so gut man kann: füreinander da. Die deutsche Sprache ist da sehr genau und unterscheidet zwischen Bekannten und Freunden. Während die einen sagen: lieber drei richtige Freunde als einen ganzen Haufen Bekannte, sehen andere das lockerer: Hauptsache, es ist etwas los! Freundschaften zu pflegen ist die beste Versicherung gegen Einsamkeit und das funktioniert auch, wenn beide Seiten zum Beispiel durch berufliche Umzüge auseinandergerissen werden. Daher dient der erste Zauber auch der Unterstützung, um an alten Fäden wieder anzuknüpfen ...

Eine alte Freundschaft neu anstoßen

Besorge dir zuerst ein Deck Lenormandkarten, sie sind die Basis dieses Zaubers. Vielleicht kannst du die nicht benötigten Karten in eigenen Zaubern unterbringen, ganz nach ihrer jeweiligen Bedeutung, dann schmerzt es nicht, sie nach dem Ritual übrig zu haben.

Zusätzlich brauchst du hellblaue Kerzen, einen blauen Chalcedon, Lavendel- und Rosenblüten sowie Minze und einen hellblauen Teller. Wenn du möchtest, kannst du zusätzlich noch einen kleinen Engel als Boten dazustellen, ein Bild des Götterboten Hermes wäre auch denkbar. Dieser Zauber ist für jede Freundschaft einsetzbar.

Manchmal hilft er auch, eine Person wiederzufinden, die man schon seit Langem aus den Augen verloren hat, dann sollte man auf jeden Fall noch etwas Angelikawurzel und einen Augenachat hinzufügen.

Nimm für dich den Herrn oder die Dame aus dem Kartendeck und für die andere Person je nach ihrer Art:

- Schlange (eine kluge, lebenspraktische Frau jeden Alters)
- Kind (eine junge oder besonders sanfte Frau)
- Blumen (eine freundliche, liebenswerte Dame)
- Reiter [ein Mann, mit dem man (fast) einmal etwas hatte, ein positiver Mann]
- Bär (ein älterer Mann, eher vom Typ Patriarch, aber liebenswert)
- Berg (ein Mann vom Typ Einsiedler, er ist eine harte Nuss zu knacken)
- Lilien (für Familienmitglieder oder um einen ganzen Familienzweig darzustellen, zu dem man wieder Kontakt aufnehmen möchte)

Zusätzlich benötigst du die Karte «der Brief». Nimm zuerst den hellblauen Teller und bestreue ihn mit den Lavendel- und Rosenblüten und der Minze. Lege danach deine Karte so auf den Teller, dass sie die andere Personenkarte anschaut, dazwischen legst du den Brief. Alle drei Karten befinden sich auf dem Teller, nun kommt noch der blaue Chalcedon auf die Karte «Brief». Sucht man eine Person, dann wird die Angelikawurzel der «Streumischung» beigegeben und der Augenachat oberhalb des Chalcedons auf die «Brief»-Karte gelegt.

Nun entzündet man jeden Mittwoch und Sonntag eine hellblaue Kerze, welche man hinter den Teller stellt. Dabei konzentriert man sich klar und fokussiert auf seinen Wunsch. Danach lässt man ihn in Gedanken langsam schwinden, löscht die Kerze (in diesem Fall nicht auspusten) und entzündet sie bei der nächsten Meditation erneut.

Natürlich sollte man dann auch irgendwann zum Telefon greifen oder einen Brief schreiben. Gab es ein schwieriges Thema, das einen entzweit hatte, dann sollte man etwa einen Mond lang (vier Wochen) das Ritual durchführen, bevor man den Kontakt wieder aufnimmt. Ansonsten sind etwa zwei Wochen erfahrungsgemäß ein guter Zeitraum, um einen ersten Kontaktversuch zu wagen.

Alternative: Wer mit Tarotkarten arbeiten möchte, verwendet als Stellvertreter für sich selbst den Kelch König oder die Kelch Königin (weil man selbst derjenige ist, dessen Gefühle sich nach der anderen Person sehnen, die Kelche sind die Gefühlskarten, sie entsprechen dem Herz in den Spielkarten) plus den Magier als Botschafter und dazu:

- Schwert König (für einen eher kühlen, rationalen Mann)
- Schwert Königin (für eine klare, selbstbewusste Frau)
- Schwert Bube (oder Prinz, je nach Deck) (für einen jungen Menschen beiderlei Geschlechts, klug, belesen und wissbegierig)

- Stäbe König (ein temperamentvoller Mann, manchmal bis zum cholerischen, ein Mann mit viel Energie)
- Stab Königin (eine energiegeladene Frau, voller Power)
- Stab Bube (ein junger Mensch beiderlei Geschlechts, der ein «Macher» ist, viel Energie hat und immer mitten im Leben steht)

- Münz König (ein eher ruhiger und gut verwurzelter Mann, der feste Werte hat)

- Münz Königin (eine gelassene Frau, eher ruhig, aber doch voller Kraft, sie zeigt es nur nicht so offen, wie die anderen Kartendamen)
- Münz Bube (ein junger Mensch beiderlei Geschlechts, der eher bodenständig, ruhig und gelassen ist)

Freunde anziehen

Wirkliche Freunde sind manchmal rar gesät und es ist oft eine Frage des glücklichen Zufalls, ob man ihnen über den Weg läuft. Hier kann die Magie helfen, denn glückliche Zufälle sind bekanntlich ihr Spezialgebiet. Man sollte sich dann allerdings auch unter die Leute mischen und auf andere zugehen – und das unverkrampft. Es gibt Themen, die automatisch blockiert sind, sobald man beginnt, etwas erzwingen zu wollen. Dem folgenden Zauber sollte man also Zeit und Ruhe lassen, umso schöner sind die Ergebnisse, von denen schon oft berichtet wurde.

Man braucht: einen Rosenquarz (wenn du eine Frau bist) oder einen blauen Chalcedon (wenn du ein Mann bist) und dazu einen Rutilquarz, das ist ein Bergkristall in dem goldfarbene Rutilnadeln eingeschlossen sind, man bekommt ihn in fast jeder Steinhandlung; dazu noch goldgelber Stoff, der kreisförmig ausgeschnitten wird. Die Größe eines normalen Tellers reicht vollig aus. Am besten führt man diesen Zauber an einem Sonntag aus und gibt Johanniskraut, Kleeblätter (mit drei Blättern), die beiden Steine und zwei Eichenblätter darauf.

Während diese Dinge auf dem Stoffstück liegen, entzünde eine gelbe oder goldene Kerze und sprich deinen Wunsch nach Freundschaft aus. Erwähne dabei auch die Eigenschaften, die du dir von einem Freund beziehungsweise einer Freundin wünschst. Die Eigenschaften sollten so formuliert werden, dass noch etwas Platz bleibt. Es geht um die Dinge, die essentiell für dich sind, alles andere sollte offen bleiben, denn das Schicksal ist klüger, als wir es sind.

Anschließend bläst man die Kerze aus und faltet den Stoff zusammen. Dieses Päckchen bleibt offen, es wird nicht verschnürt. Am besten legt man es auf ein Regal oder in eine Schublade und denkt nicht mehr darüber nach. Denn das Beste, was man mit einem Zauber machen kann, ist, ihn zu vergessen, damit er ungestört auf der unbewussten Ebene für uns wirken kann.

Fruchtbarkeit

Fruchtbarkeitszauber ersetzen weder Arzt oder Heilpraktiker, sie arbeiten nämlich nicht auf der körperlichen Ebene, sondern setzen im spirituellen Bereich an. Und doch schwören manche darauf, dass es magische Wege waren, die zum Wunschkind verhalfen. Die Grenzen zwischen Seele und Körper sind in diesem Bereich besonders fließend, wie die Geschichten von Paaren belegen, die plötzlich schwanger wurden – nachdem sie wirklich alles versucht hatten und ihren Kinderwunsch schließlich aufgegeben hatten. Kaum war der Druck weg, kam das Glück.

Neben der spirituellen Wirkung kann ein Zauber einen ähnlichen Effekt auf die seelische Seite haben: Entlastung. Man übergibt seine Sorgen dem Universum und kann dadurch loslassen. Doch die Magie geht noch weiter, in vielen spirituellen Traditionen glaubt man daran, dass es möglich ist, mit der Seele eines Kindes auf die ein oder andere Weise in Kontakt zu treten und ihm so zu zeigen, dass es gerne kommen kann. Die traditionellen Marien- und Heiligenorte, die bis heute aufgesucht werden, um die (Mutter)Göttin beziehungsweise Gottes um Beistand beim Kinderwunsch zu bitten, sprechen diesbezüglich eine klare Sprache.

Für diesen Zauber braucht man ein Paar Babysöckchen, dazu die kleine Darstellung einer Kröte (beispielsweise aus Speckstein oder als sonstige Figur, man kann sie auch aus Ton selbst formen), einen kleinen Mondstein, einen kleinen Rosenquarz und einen Holunderbusch im

Freien. Zusätzlich werden die folgenden neun Kräuterhelferinnen in getrockneter oder frischer Form benötigt:

Frauenmantel, Schafgarbe, Rose, Beifuß, Kamille, Schlüsselblume, roter Klee, Angelikawurzel und Himbeerblätter.

Man bekommt sie in jeder Apotheke oder Kräuterhandlung, zum Teil natürlich auch in der freien Natur. Zu Vollmond in den Zeichen Stier, Krebs, Waage, Skorpion oder in den Fischen ist der beste Zeitpunkt für diesen Zauber. Man denkt sich dafür eine kleine Zeremonie aus, die man ganz persönlich abhält: Sei es ein Gebet im Kerzenschein oder eine Meditation, natürlich kann es auch ein Ritual sein, wenn man damit vertraut ist. Wichtig ist dabei nur, dass es sich nicht unnatürlich anfühlt, denn das würde die Kommunikation mit dem Universum behindern.

Während dieser kleinen Zeremonie bindet man die beiden Babysöckchen zusammen und gibt in eine Socke die kleine Kröte und füllt die andere Socke mit den neun Kräuterhelferinnen (vorher gut durchmischen), sowie dem Rosenquarz und dem Mondstein. Anschließend geht man zu einem Holunderbusch, den man dafür bereits ausgesucht hat, und hängt die beiden Söckchen, so wie sie sind, in den Busch. Nun ist Zeit für eine weitere Meditation oder ein Gebet, danach bedankt man sich und geht ohne zurückzuschauen nach Hause. Man sollte einen Holunderbusch wählen, den man so schnell nicht wieder sieht, damit man nicht in Versuchung kommt, nachzusehen, denn Magie wirkt am besten im Verborgenen.

Mistelzauber

Die Mistel ist eine sagenumwobene Zauberpflanze, viele bringen sie mit den Druiden und den sagenhaften, vergangenen Zeiten unserer Vorfahren in Verbindung. Sie ist in der Tradition auf besondere Weise mit der Fruchtbarkeit verbunden, so dass man sie auf vielfache Weise einsetzen kann. Manche Frauen mit Kinderwunsch nehmen eine Misteltinktur zu sich, wie sie bis heute in Apotheken, Drogerien oder Kräuterläden erhältlich ist. Andere binden Mistelzweige mit roten Bändern zusammen und schreiben ihren Babywunsch auf einen Zettel, den sie in diese Mistelzweige hängen. Hier kann man seiner Kreativität freien Lauf lassen und zum Beispiel Mistelblätter unter die Matratze streuen, sie an symbolischen Orten opfern (natürliche Quellen sind bis heute stark mit Fruchtbarkeitsbräuchen verbunden) oder sie einfach in meditativer Stimmung betrachten und ein Gebet dazu sprechen.

In vielen spirituellen Kreisen hält sich hartnäckig die Überzeugung, je komplizierter und schwieriger man etwas gestaltet, desto besser sind die Ergebnisse. Diese Ansicht kann nur bedingt geteilt werden. Denn in der Erfahrung werden es die meisten selbst schon gespürt haben: Das Wichtigste ist der Moment des offenen Herzens, in dem man gelöst, frei und in Übereinstimmung mit dem persönlichen Willen sein Anliegen vorträgt.

Die einen erlangen diesen Moment tatsächlich durch ausgefeilte Zeremonien, lange Anrufungen und Rituale, deren Texte erst einmal auswendig gelernt werden müssen. Wenn man der Typ dafür ist, sollte man es auch so handhaben. Genauso gut kann man aber auch andere Wege gehen, intuitiv oder eher volksmagisch orientiert und wird ebenfalls gute Ergebnisse haben.

Nicht die Form macht die Magie, sondern ihr Inhalt! Entweder es fließt

Energie oder eben nicht. Zu erkennen, auf welchen Wegen man die eigene Energie harmonisch mit den großen Energien in Kontakt bringen kann, das ist die ureigenste spirituelle Aufgabe eines jeden von uns.

Exkurs: Zurück in die Gegenwart

Wir leben hier und jetzt – und doch hängen die meisten von uns in Gedanken in der Zukunft oder der Vergangenheit. Man macht sich Sorgen um die sprichwörtlichen ungelegten Eier, man macht sich Sorgen um Vergangenes, das man ohnehin nicht mehr ändern kann und manche spinnen sich mit diesen Gedanken in den reinsten «Sorgen-Kokon» ein, entziehen sich selbst Kraft und Zuversicht mit der (negativ eingesetzten) Kraft ihrer Gedanken.

Stopp! Denn: Es gibt nur die Gegenwart.

Sogar wenn wir gedanklich in die Zukunft und Vergangenes schweifen, tun wir das in keinem anderen Moment als der Gegenwart. Nichts sollte uns heiliger sein als der augenblickliche Moment, in dem wir immer wieder neue Richtungen und Themen unseres Lebens definieren. Es ist nicht einfach, das Jetzt zu leben. Unsere Kultur setzt offensichtlich eher auf Sorgen, die man sich macht, weil früher etwas nicht so geklappt hat, wie man es sich gewünscht hätte oder Sorgen, weil man die Zukunft noch nicht abschätzen kann und im wahrsten Sinne des Wortes vor/sorglich denkt.

Wie viel Energie das kosten mag, kann man sich leicht ausmalen. Es ist ein

Fass ohne Boden, in dem unsere schönsten und besten Pläne und Hoffnungen verschwinden können, wenn wir da unbedacht mitmachen. Oft genug sind wir großartig, wenn es darum geht, anderen diesen Rat zu geben, aber bei einem selbst will es nicht so recht gelingen. Es ist eine gewisse Disziplin nötig und der Glaube an eine höhere Führung im Leben, um dieses Hamsterrad hinter sich lassen zu können. Das geht nicht von heute auf morgen, aber wenn man es einmal verinnerlicht hat, wird einiges leichter im Leben! Leider sind die meisten daran gewöhnt, sich lieber zu sorgen, als positiv zu hoffen, weshalb man bei der Arbeit an sich selbst ruhig auch einen Blick auf sein Umfeld werfen sollte.

Genau dieses Thema ist auch im magischen Kontext von zentraler Wichtigkeit, weshalb ich es hier anspreche. Nicht abzuschweifen, nicht dem Zauber die Kraft zu stehlen, indem man ihn mit einem klebrigen Netz aus Sorgen überzieht und sich dann wundert, dass nichts so recht voran geht. Bleibe im Moment, bleibe im Augenblick und tue in diesem Augenblick das, was sinnvoll ist, um ihn zu erfüllen. Das ist die ganze Kunst. Keine Vor/Sorge, kein ängstlicher Blick, ob die Magie denn wirklich … – Vertrauen und Zuversicht sind die kostbarsten Zutaten eines jeden Zaubers!

In früheren Tagen redete man vom gesunden Gottvertrauen, das so manchem Zeitgenossen einen ruhigen Schlaf und ein erfolgreiches Tagewerk beschert haben soll. In der Gegenwart kommen die modernen Päpste des positiven Denkens daher und reden davon, dass sich 90 Prozent unserer Sorgen am Ende als unberechtigt herausstellen und nur kostbare Zeit verschlungen haben. Wer sich gerne mit alten Frauen unterhält, erfährt diese

Botschaft auch ohne die leicht überspannte Dramatik der Berufsoptimisten. Sie sagen ganz einfach: Du musst das Leben so nehmen, wie es kommt – und das Beste daraus machen. Recht haben sie!

Finanzen & Erfolg

Grundlegende Korrespondenzen und passende Symboliken für eigene Zauberarbeiten

Farben

grün (Zuwächse, Gedeihen), gold (Erfolg, Wohlbefinden), königliche Blautöne (Wachstum, Ansehen, Ehre), helles Blau und/oder gelb (Kommunikation, Reden halten, Lernen, anderen etwas gut vermitteln, Vorstellungsgespräche, Prüfungen)

Edelsteine

Achat (Schutz vor Verlusten), Aventurin (Geld, Wachstum, Lebenskraft), Falkenauge (erfolgreich nach neuen Chancen Ausschau halten), Goldfluss (ein synthetisches Glas, bringt Schwung in festgefahrene Situationen), Grüner Fluorit (Bewerbungen), Heliotrop (sattes grün für eine satte Entwicklung, sehr gut für Selbstständige als Glücksstein), Pyrit (auch: Katzengold, zieht Wohlstand und Geld an), Versteinertes Holz (langfristige Finanzziele, sich etwas aufbauen)

Pflanzen

Alfalfa (bestehendes Geld vermehren), Erdrauch (Geld anziehen, neue Käufer/Kunden/Klienten finden), Kastanie (Geldzauber allgemein, Magie für einen neuen Job), Ringelblume (als «kleine Sonne» in Pflanzenform gibt sie Geldzaubern Extrapower), Minze (beschleunigt Vorgänge), Patchouliblätter (Ideen manifestieren, Geld, Wünsche verwirklichen), Piment (Wohlstand und Gedeihen, gutes Geld verdienen), Sassafras (zieht Geld und Käufer/Kunden/Klienten an, besonders gut für Ladenbesitzer), Vetiver (starke, erdige Energie, größere Ziele anpeilen und umsetzen, auch: in schwierigen Situationen die innere Mitte wiederfinden), Wasserdost (neue Stelle finden), Zimt (Wohlstand, wie viele Gewürze war er früher nur für Reiche erschwinglich und diese Symbolik ist bis heute bei vielen exotischen Gewürzen geblieben: Sie stehen für Reichtum.)

Symbolische Dinge
Anker, Spielgeld, Münzen und Scheine, Bilder für das Ziel, welches man anstrebt; Heu, Asche und was der Volksmund sonst noch hergibt zu diesem Thema

Planetenkräfte/Wochentage
Mittwoch (wenn das Geldverdienen mit Kommunikation zusammenhängt, Werbung, lernen, Weiterbildung, Networking und PR, Vorstellungsgespräche und Jobsuche, Tag des Merkur), Donnerstag (Expansion, sich etwas Aufbauen, Geld, Wohlstand, Tag des Jupiter)

Verbündete (Kraft)Tiere
Falke (Weitsicht und Klarheit), Fuchs (für Prüfungen, Vorstellungsgespräche und alle Verhandlungen rund um die Finanzen), Goldfische (chinesisches Glückssymbol für finanzielles Gelingen), Hirsch (wenn man einen guten, souveränen Eindruck machen muss), Schwein (Wohlstand, Fruchtbarkeit), Stier (Stärke), Kuh (Wohlstand, Nahrung durch die Götter, weibliche Kraft), Kröten (Fruchtbarkeit beziehungsweise Vermehrung)

Geldzauber mit Köpfchen

Zum Thema Geldzauber gibt es die erstaunlichsten Behauptungen, man wundert sich manchmal, wie leichtgläubig viele Leute sind. Wenn all diese Reichtums- und Lottozauber so erfolgreich sind, warum arbeiten ihre Anbieter dann immer noch, anstatt sie für sich selbst zu nutzen?

Geldzauber sind nicht dafür gedacht, den großen Lottogewinn herbeizuzaubern. Sie dienen dem praktischen Vorwärtskommen. Übrigens ist es stets von Vorteil, wenn man nicht zu spät damit anfängt. Wer sich einmal in asiatischen Geschäften oder Restaurants umsieht, wird dort stets kleine Altäre für das Glück und den Wohlstand entdecken.

Glück will gehegt und gepflegt werden, es kommt nicht angelaufen wie ein Hund, nur weil man gerade eine kleine oder größere Krise hat und es plötzlich wieder für sich entdeckt. Geldzauber können als erste Hilfe in der Not eingesetzt werden, aber über kurz oder lang ist es vor allem die regelmäßige Praxis, die den finanziellen Fluss dauerhaft beschwingt.

Was ein Geldzauber paradoxerweise nicht (direkt) zum Ziel hat, ist übrigens das Geld selbst. Wer will schon Geld? Es klappert beziehungsweise raschelt ein bisschen, doch es kann einen weder wärmen, noch nähren. Man kann nicht einmal vernünftig Notizen darauf schreiben. Hat man es als abstrakte Zahlen auf dem Konto, ist es noch schwerer greifbar.

Kurz gesagt: Geld als solches ist kein wirkliches magisches Ziel, es ist nur die Vorstufe zu allem Weiteren. Magische Ziele sind die Wünsche dahinter, unsere wirklichen Absichten, denn Geld ist ja nur das Mittel zum Zweck. Und damit auch schon wieder magisch: Eigentlich wertlos, hat es seinen Wert nur deshalb, weil alle daran glauben (die wohl mächtigste Glaubensgemeinschaft der Welt ...), dass diese runden Metallstückchen und bunten Zettel einen Wert anzeigen. Wenn das keine Magie ist!

Ein Donnerstagsritual

Dieses kleine Ritual eignet sich für alle, die dauerhaft an ihrem Glück arbeiten und sich etwas aufbauen wollen. Man besorgt sich dafür eine Geldkröte in einem asiatischen Geschäft; das sind diese grimmig dreinblickenden Kröten mit einer Münze im Maul. Auch bei uns ist das Wort «Kröten» mit Geld verbunden, so dass man diese Symbolik stimmig übernehmen kann. Natürlich kann man auch jede andere Darstellung einer Kröte verwenden.

Außerdem werden kleine, grüne Votivkerzen oder eine grüne Kerze im Glas, Spielgeld, grüne Servietten und ein Räuchergefäß benötigt. Die restliche Dekoration überlasse ich der Kreativität meiner Leser/innen, wobei die Farben grün (Wachstum), gold (Finanzen und spiritueller Segen), sowie rot (Energie) und gelb (positive, fröhliche Dinge) die Hauptrollen spielen sollten.

Nun sucht man sich eine kleine Ecke zu Hause aus, die zum neuen Geldaltar wird, es muss nicht viel sein, die Größe der Serviette genügt. Die Servietten können natürlich auch durch kleine Tücher ersetzt werden, doch nicht immer findet man gleich das Passende und bis dahin kann man sich erst einmal mit ihnen behelfen. Die Kröte wird in die Mitte der Serviette gesetzt, unter ihr wird das Spielgeld ausgebreitet, sie sitzt also mitten im Wohlstand. Man sollte überlegen, ob man der Kröte einen (Spitz)Namen geben möchte, das verstärkt die Verbindung.

Nun wird jeden Donnerstag eine neue grüne Kerze entzündet, während man sich etwa eine Viertelstunde Zeit nimmt, um ernsthaft über die eigenen Finanzen zu meditieren und Gebete zu sprechen: ernsthaft und ehrlich! Keine Augenwischereien, sie werden nichts helfen, man muss sich vollständig der spirituellen Welt öffnen, wenn man ihre Hilfe anstrebt. Danach darf die Kerze abbrennen oder über die Woche verteilt entzündet werden, bis man am nächsten Donnerstag die nächste Kerze beginnt. Wer mag, kann den kleinen Altar auch mit Räucherwerk versorgen, die Gestaltung sollte ganz persönlich sein, damit es auch individuell zu einem passt. Wer Räucherwerk nicht so gerne mag, kann ein Potpourri verwenden, das mit typischen Gelddüften angereichert wird (zum Beispiel die ätherischen Öle Nelke, Zimt, Patchouli, Zeder, Vetiver).

SOS – eine Situation wenden

Wenn es darum geht, eine finanziell verfahrene Situation zu wenden, muss über kurz oder lang eine klare Strategie her – nicht nur auf der spirituellen Ebene! Der Traum vom großen Lottogewinn ist da nicht angebracht, hier heißt es, die Ärmel hoch krempeln, sich gegebenenfalls professionelle Hilfe beispielsweise von Verbraucherberatungen oder einem Schuldnerberater holen und neu anfangen. Der folgende Zauber ist als Hilfe und Unterstützung in diesem schwierigen und oft nervenaufreibenden Prozess gedacht.

Er zaubert nicht die Probleme weg. Diese Illusion muss ich allen nehmen, die an allzu schnelle Lösungen glauben wollen. Das Leben ist wie eine Tuschezeichnung, hat einmal eine Meisterin dieser Kunst gesagt: Man kann nichts wegradieren. Dem möchte ich hinzufügen: Man kann sein Bild aber jederzeit mit neuen Motiven und Farben weitergestalten. Es ist an uns, etwas zu ändern. Die spirituelle Welt hilft jedoch gern dabei.

Für diesen Zauber benötigst du:

etwas Rinde von einer Birke (Neunanfang), Eiche (Kraft) und Rosskastanie (Finanzen, Glück), Haselnussöl (Klugheit, Glück), ein kleiner Pyrit und ein kleiner Aventurinstein (beide sind gut für die Finanzen), violette Kerzen (gegebenenfalls durch weiße Kerzen ersetzen, violett ist nicht immer leicht zu bekommen, weiß ist die universelle Ersatzfarbe) und ein paar getrocknete, weiße Rosenblätter (Harmonie, Entspannung).

Noch ein kleiner Hinweis zu den Baumrinden: Wenn du nicht genau weißt, wie man sie sammelt, kaufe sie besser im Kräuterhandel oder in der Apotheke, damit kein Baum zu Schaden kommt. Du kannst sie natürlich auch von heruntergefallenen Ästen abschneiden, wenn sie noch frisch oder gut durchgetrocknet sind, ohne moderig geworden zu sein.

Gib kleine Stückchen der Baumrinden, das Pyritsteinchen und den kleinen Aventurin sowie die getrockneten weißen Rosenblätter in das Haselnussöl, das man in vielen Lebensmittel- und Bioläden erhält, es wird meist in etwas kleineren Flaschen verkauft. Auf einen Viertelliter gibt man insgesamt etwa einen Esslöffel der pflanzlichen Helfer. Die Pflanzenteile, wie auch die Halbedelsteine verbleiben später im Haselnussöl, sie werden nicht mehr herausgenommen.

Wann immer du inneren Druck verspürst und die himmlischen Mächte um Glück, Hoffnung, gute Eingebungen und positive Veränderung bitten möchtest, salbe eine violette oder weiße Kerze mit dem Öl und zwar von der Mitte nach unten und anschließend von der Mitte nach oben zum Docht hin. Sorge dafür, dass du ungestört bist und entzünde die Kerze. Sprich dann frei aus, was dir auf den Seele liegt, aber schreibe dem Universum nicht vor, was es nun zu tun habe.

Bitte um Hilfe und rede dir allen Kummer von der Seele, aber mache nicht den Fehler, alles besser wissen zu wollen. Wenn man einem Zauber beziehungsweise einer magischen Meditation gleich noch seinen «Lösungsvorschlag» aufzwingt, dann bremst man die Energie damit eher aus, als das dies hilfreich ist. Überlasse die Art der Hilfe denen «da oben» und strenge dich im Alltag so gut wie möglich an, deinen Beitrag dazu zu leisten, dann wird es auch vorwärts gehen.

Wohlstand aufbauen und «Unglücke» vermeiden

Wenn man sich etwas aufgebaut hat, wenn das erste, kleine Polster zurückgelegt ist und der sprichwörtliche grüne Zweig erklommen wurde, dann prüft uns das Schicksal ganz gerne einmal, damit wir nicht selbstgefällig werden. Einen gewissen Wohlstand aufzubauen und zu bewahren darf als menschliches Grundbedürfnis gewertet werden. Wie sagt man so schön: Geld ist nicht alles, aber es beruhigt doch ungemein.

Unter denen, die über diesen Dingen zu stehen meinen und ständig betonen, dass Geld nicht so wichtig ist, hat man nur selten einen gesehen, der um sein Auskommen hätte kämpfen müssen. Vom hohen Ross herab hat jeder leicht reden. Aber wir ganz normalen Leute müssen schauen, wie wir über die Runden kommen und das, wenn möglich, mit einem Lächeln auf den Lippen. Wenn man seinen Wohlstand magisch unterstützen möchte, dann sollte man das nicht als eine Einmalaktion angehen. Es ist eine langfristige Aufgabe und bedeutet liebevolle Arbeit, auch an sich selbst.

Geld ist für viele, die nicht mit dem Silberlöffel im Mund geboren wurden, ein zumindest unterschwellig angstbesetztes Thema. Und Angst ist ein schlechter (leider jedoch hartnäckiger) Ratgeber. Hier kann die Magie wiederum auf zwei Ebenen arbeiten: einmal seelisch, indem sie positiv bestärkt, Mut macht und einem die Verbindung zum Ursprung allen Seins nahebringt. Und zum anderen wird natürlich durch genau diese Verbindung, die zu den Ursprüngen der Kräfte gesucht wird, das Band zwischen der schöpferischen Kraft und einem selbst erneuert und bestärkt.

Saturn und Jupiter ausbalancieren

In diesem Zauber verwenden wir typische Symbole zweier Planeten, die harmonisch wirken müssen, damit man Wohlstand aufbauen kann. Saturn steht für Dauerhaftigkeit, Jupiter für Expansion. Doch beide haben natürlich auch negative Aspekte zu bieten: bei Saturn die Kargheit und Versteifung, beim Jupiter ein übertriebenes Bewusstsein für Wachstum, das schon in Richtung Überheblichkeit kippt. Letztendlich brauchen sich die beiden jedoch und gleichen sich gegenseitig aus, wenn man es geschickt anstellt. Dann darf man auf eine dauerhafte, positive Entwicklung hoffen.

Für diesen Zauber benötigt man:

Für die nötige Jupiterenergie:
ein Stück quadratischen, königsblauen Stoff (ein leuchtendes blau, das weder hellblau noch dunkelblau ist, sondern genau in der Mitte), eine goldene Kordel oder goldfarbenes Band, einen Amethyst, etwas Salbei, Eichenblätter und Kleeblätter

Für Saturn:
einen Onyx, etwas Königskerze, Beinwell und Efeu

Das Säckchen wird in blau gestaltet und nicht etwa im schwarz des Saturn, weil das grundsätzliche Ziel ja weiteres Wachstum ist und der Saturn nur seine erdenden, strukturierenden Energien dazu geben soll. An einem Donnerstag entzündet man eine Kerze, sie kann weiß sein oder auch in besagtem Königsblau beziehungsweise leuchtendem Violett.

Dass ich die genauen Farbtöne so betone, liegt daran, dass ihre dunklen oder eher matten Töne automatisch zum Saturn gehören und man daher genau unterscheiden muss zwischen der kräftigen Grundfarbe und ihren dunkleren Varianten, die eine andere Wirkung hervorrufen.

Man gibt nun alle Zutaten auf den Stoff und schnürt ihn zusammen. Wie man das ausschmücken möchte – mit Gebet, Meditation, innerer Zwiesprache oder einem rituellen Rahmen, das möge jeder seinem Herzen folgend gestalten, ich bin keine magische Gouvernante, die ihren Leser/innen etwas aufdrückt. Die goldene Schnur oder Kordel wird dreimal verknotet, danach legt man das Säckchen an einen Platz, der mit den Finanzen zu tun hat, heutzutage sind das beispielsweise Ordner oder Hefter, in denen Kontoauszüge aufbewahrt werden.

Eine neue Anstellung finden

Wenn man auf der Suche nach einem neuen Job ist, stehen gute Bewerbungsunterlagen und Fachwissen sowie die Fähigkeit, das auch verkaufen zu können, an erster Stelle. Natürlich kann man auch hier mit einer Prise Magie nachhelfen, allerdings hat sich gezeigt, dass man einen Punkt beachten sollte: nämlich dem Schicksal nicht die Hände zu binden! Wie schnell versteift man sich und will genau diesen einen Job. Ein solcher Tunnelblick kann sich fatal auswirken, daher: dem Schicksal seinen Raum zum Arbeiten lassen!

Um eine neue Anstellung zu bekommen, geht man 6:00, 12:00, 18:00 oder 24:00 Uhr zu einer Kreuzung, von der man weiß, dass dort nicht viel los ist. Vor Ort entzündet man etwas Räucherwerk, auch ein Räucherstäbchen (am besten Sandelholz oder Patchouli) oder bei Rauchern: eine Zigarette (Tabak ist ein Räucherwerk des Mars) für die guten Geister. Dann stellt man sich vor, sagt wer man ist und was man möchte. Dabei sollte man tunlichst nicht jammern und klagen, sondern ganz normal sprechen. Die Geister sind nicht auf dich angewiesen, sondern du auf sie, also mach es ihnen schmackhaft, dir zu helfen.

Hängen weitere Personen an den Früchten deiner Arbeit (Kinder, Partner, Verwandte, Hilfsprojekte usw., die man unterstützt), erwähne auch das. Wenn alles gesagt ist, gieße etwas Gin als Dank auf die Kreuzung und gehe deiner Wege, ohne dich umzudrehen.

Dieses Ritual ist äußerlich nicht schwer durchzuführen, aber das sollte nicht unterschätzt werden: Wenn man es innerlich aus vollem Herzen macht, dann verfehlt es seine Wirkung nicht.

Erfolg für Selbständige

Es gibt zahlreiche Zaubereien für Selbständige. Keine von ihnen ersetzt umsichtiges Planen, Fachwissen oder den freundlichen Umgang mit Kunden und Klienten. Daran muss man selbst arbeiten. Hin und wieder mag es trotz all dieser Eigenschaften Schwierigkeiten geben. Man zögere dabei niemals, ehrlich mit sich ins Gericht zu gehen, um den Ursachen auf die Spur zu kommen! Frage dabei nicht nur Freunde, sondern auch kritische Menschen um Rat, das ist manchmal noch hilfreicher, weil sie nicht die Samthandschuhe anziehen, sondern Klartext sprechen. Trenne dabei trotzdem genau das Hilfreiche vom weniger Hilfreichen.

Lucky Business Bottle

Nimm eine kleine, klare Flasche von maximal 200 ml Inhalt. Gibt deine Visitenkarte, dein Logo, einen Abdruck des Firmenstempels oder ein anderes konkretes Symbol deiner Tätigkeit hinein. Wichtig ist, dass sowohl dein Name, als auch deine Tätigkeit und deine Erreichbarkeit für die Kunden darin vorkommen (Adresse, Telefonnummer, Internet, Fax usw.). Fülle nun die folgenden Zutaten dazu:

Eine große Spielgeldnote, etwas Zimt, ein Lorbeerblatt, etwas Drachenblutharz, eine Prise Erdrauch, fünf Gewürznelken, kleine Kastanienstückchen und etwas Staub vom Boden vor dem Haus, in dem du arbeitest. Arbeitest du in verschiedenen Häusern (Partyservice, Taxifahrer, Versicherungsberater usw.), nimm ihn von der Zentrale, also dem Ort, an dem du alles koordinierst. Gib auch noch ein paar weiße oder gelbe Rosenblätter dazu, denn etwas Harmonie schadet nie bei der Arbeit. Wer im originalen Hoodoo-Stil arbeiten möchte, gibt auch noch ein Bild von Sankt Martin mit hinein, der traditionell die Selbständigen unterstützt.

Fülle das Fläschchen mit einer Mischung aus 1/2 Sonnenblumenöl und 1/2 Olivenöl auf, wer mag, kann das Öl auch noch mit etwas Lebensmittelfarbe grün färben und goldenen Glitter hineingeben – das ist aber kein Muss, sondern eher etwas für diejenigen, bei denen ein Zauber auch zauberhaft aussehen soll, wogegen nichts zu sagen ist.

Stelle die Flasche gut sichtbar auf deinen Schreibtisch oder in ein Fenster des Büros beziehungsweise Arbeitsraumes. Ist das nicht möglich, weil es ungewollte Fragen nach sich ziehen würde, stelle sie an einen diskreteren Ort. Achte darauf, dass keine wichtigen Papiere oder Bürogeräte in der Nähe sind, ein unverhofft umgekipptes und ausgelaufenes Ölfläschchen kommt manchmal schneller, als man denkt.

Vorstellungsgespräche und Prüfungen

Viele Situationen in unserem Leben sind sogenannte Schwellenmomente, in denen sich entscheidet, ob eine Tür sich öffnen wird oder (noch) verschlossen bleibt. Und manches stellt sich später ganz anderes heraus als zuerst gedacht, weshalb man sich auch über unsanfte Winke des Schicksals oft genug noch freuen kann, oder aber – was weit häufiger der Fall ist – man wird nie erfahren, welcher Kelch da an einem vorübergegangen ist.

Gute Vorbereitung ist sowohl für Vorstellungsgespräche als auch für Prüfungen notwendig, wer nur schnell einen Zauberspruch haben will, um sich dann zurückzulehnen, kann getrost das Buch beiseitelegen. Alle, die ihre ehrlichen Anstrengungen jedoch zusätzlich mit einer Prise Magie würzen wollen, denen lege ich die folgenden Hexentipps gerne ans Herz.

Teemagie
Vor einer Weile berichtete ein großes Magazin über Pflanzen, welche das Gedächtnis und die geistige Leistungsfähigkeit beflügeln sollen. Ganz weit vorne mit dabei: der Salbei! Dafür braucht man allerdings nicht die neueste Forschung, das lässt sich auch schon in Kräuterbüchern aus dem 17. Jahrhundert nachlesen. Salbei (englisch: *sage*, was auch weise bedeutet) ist der ideale Begleiter für Prüfungen und Vorstellungsgespräche. Man kann sich persönliche Glücksbringer damit anfertigen,

allerdings ist vor einem solchen Gespräch der gute, alte Teeaufguss auch nicht verkehrt.

Pro Tasse nimmt man einen TL und lässt den Tee etwa fünf Minuten ziehen. Mit etwas Lindenblütenhonig versetzt kann man ihn in der Thermoskanne sogar mitnehmen und auf der Fahrt zum Gespräch oder zur Prüfung noch einen Schluck davon trinken.

Mojo/Zauberbeutelchen
Nimm ein hellgelbes Stück Stoff, das kreisrund ausgeschnitten ist, und gib darauf die folgenden fünf Kräuter: Minze, Salbei, Fünffingerkraut, Johanniskraut und Lavendelblüten. Verschnüre es mit einer hellblauen Schnur und trage es während des Gespräches bei dir. Man sollte ein solches Mojo nicht zu groß gestalten, damit es unauffällig ist. Männer können es in der Hostentasche oder im Jackett tragen, für Frauen gibt es zusätzlich auch noch den BH und die Handtasche als geeignetes Versteck. Nach alten Schriften sollen diese Kräuter helfen, auf andere einen klugen, gebildeten Eindruck zu machen und vom Gesprächspartner angenehm wahrgenommen zu werden.

Wer diesem Zauberbeutelchen extra Pepp verleihen möchte, fügt zusätzlich einen kleinen Bernstein hinzu, welcher hilft, die Nerven zu bewahren und sich trotz aller Aufregung gut beschützt zu fühlen.

Hilfe beim Lernen

Zumindest die Legende will es so, dass die Kelten ihr hoch geschätztes Eisenkraut auch zur Unterstützung beim Lernen verwendet haben. In ihrer vor allem mündlich weitergegebenen Tradition musste man sich auch einiges merken! Es ist dafür wichtig, das echte Eisenkraut (Verbena officinalis) zu verwenden und nicht mit seinem zitronigen Namensvetter, der sogenannten Verbene (Lippia triphylla) zu verwechseln.

Man kocht dafür einen Tee aus dem Eisenkraut (etwa einen TL auf 200 ml Wasser, zehn Minuten ziehen lassen) und trinkt ihn während des Lernens. Zusätzlich kann man ihn leicht abgekühlt auf die Schläfen streichen.

Eine andere Kräuterrezeptur ist Rosmarintee, der in alten Schriften als Haar- beziehungsweise Kopfspülung verwendet wird, um das Lernen zu fördern. Aufgrund seiner durchblutungsfördernden Eigenschaften und des stimulierenden Duftes ist das gar nicht mal so abwegig. Moderne Hexen können alternativ auch zu (biologischem) Rosmarinshampoo greifen und es für diese Zwecke erproben. Oder man nutzt das Hydrolat (das Pflanzenwasser, es fällt bei der Destillation von ätherischen Ölen an und ist nicht allzu teuer, man bekommt es in Apotheken und Shops für Naturkosmetik) und sprüht es sich in einem feinen Nebel ums Haupt. Das belebt wunderbar, wenn man viel zu lernen, zu schreiben oder zu üben hat.

Die bekannte Kräuterfrau Maria Treben empfahl Rosmarintee als Ersatz für Kaffee, zum Anregen der Sinne. Gerade wenn man abends lernt, danach aber noch schlafen können möchte, ist er einen Versuch wert, da Rosmarin belebt, ohne aufzuregen.

Exkurs: Magie ins Leben einbeziehen

Wer schon ein bisschen in den Rezepten dieses Buches gestöbert hat, dem wird aufgefallen sein, dass ganz bewusst immer wieder darauf hingewiesen wird, dass man auch selbst etwas dazu tun muss, wenn Magie bestmöglich wirken soll. Der ein oder andere Leser wird sich mittlerweile fragen, warum ich das ständig betone, weil es für ihn oder sie ganz selbstverständlich ist, auch auf der praktischen Ebene für die persönlichen Ziele zu arbeiten.

Doch das gilt leider nicht für jeden. In meiner Beratungspraxis, aber auch in Zuschriften oder Fragen von Interessierten erlebe ich oft eine ungeahnte Magiegläubigkeit, die über das, was Magie leisten will und kann weit hinaus geht. Das ist vergleichsweise etwa so, als würde man von einem Arzt behaupten, dass er jede erdenkliche Krankheit vollständig heilen kann, nur weil er den Arztberuf ausübt. Er kann natürlich im Rahmen der Möglichkeiten heilend eingreifen, aber es kommt auch auf den Patienten an und nicht zuletzt auf das Schicksal selbst. Kein Mensch ist allmächtig, auch wenn manche nicht widerstehen können, genau das vorzugeben.

Einige suchen eine Art ultimative Sicherheit durch Magie und das ist etwas, das diese weder leisten kann, noch soll. Wenn erst der mächtigste Zauber gefunden ist, der große, geheime Zauberspruch, der alle Probleme in Luft auflöst, die Beschwörungsformel, mit der man das Leben in ein endloses Fest verwandeln kann ...

Wenn die Nerven blank liegen, glaubt man gerne den Versprechungen gewisser Zauberkünstler, die für gewöhnlich besser rechnen als beschwören können. Natürlich ist die Vorstellung schön, sich zurückzulehnen und nur noch auf die Früchte einer magischen Arbeit zu warten. Aber mehr als eine schöne Phantasie ist das eben nicht, sonst würden es doch alle schon längst so machen!

Wir müssen unseren Teil dazu tun, sei es, dass wir positiv denken und unserem Wunsch nicht jede Basis durch Zweifel und Hader entziehen. Sei es, dass wir ganz praktische Schritte unternehmen, um unseren Weg zu ebnen. Wir kommen nicht umhin, die Verantwortung für uns selbst zu übernehmen. Magie macht es leichter, sie hilft, unterstützt und beflügelt so manches auf ungeahnte Weise. Aber sie ist keine Ersatzhandlung und kein Fluchtmittel, um dem wahren Leben zu entgehen.

Was auch ziemlich schade wäre, denn dann würde man es ja gar nicht mehr wirklich leben, sondern nur noch teilnehmen, so als wäre man sein eigener Zuschauer. In Bezug auf das Kartenlegen gibt es einen schönen Spruch, der auch auf die Magie übertragbar ist: Das Leben gibt uns die Karten, aber wir spielen sie aus. Mit Hilfe der Magie können wir sie noch besser ausspielen, aber wer sich – im übertragenen Sinne – gar nicht erst an den Kartentisch setzt, der wird auch nicht zum Zug kommen.

Grenzen ziehen

Wenn es darum geht, auf magischen Wegen die Grenzen zu ziehen, die andere nicht respektieren wollen oder sogar mutwillig übertreten, werden viele Leute ein bisschen nervös. Darf ich das denn? Ist das nicht schon fast schwarze Magie?

Ich bin immer wieder erstaunt darüber, wie weltfremd manche Autoren und andere spirituelle Lehrer daherkommen und ihren Lesern oder den Teilnehmern von Workshops eine reichlich verzerrte Form von positiver Magie lehren. Da wabern dann Licht und Liebe aus den Elfenbeintürmen, aber mit den handfesten Problemen des täglichen Lebens werden die Leute alleingelassen oder sollen den Übeltätern auch noch Licht schicken, mit welchem diese dann genüsslich ihre seelischen Akkus aufladen können. So macht man den Bock zum Gärtner.

Damit wir uns da gleich einig sind: Es geht nicht darum, sich magisch oder auf irgendeinem anderen Weg die Köpfe einzuschlagen. Es geht nicht um magische Angriffe oder darum, es jemandem heimzuzahlen oder anderen eins auszuwischen. Solche Dinge lehne ich entschieden ab, denn wer so etwas beschwört, wird niemals den positiven Ausgleich einer Situation bewirken, sondern stattdessen nur ein weiteres Gewicht auf die negative Seite der Waage legen.

Es geht hier also um Lösungen für Probleme, wie sie das tägliche Leben bereithalten kann. Jeder von uns kann völlig unverschuldet zum Beispiel mit gehässigem Klatsch oder streitsüchtigen Nachbarn konfrontiert werden. In esoterischen Kreisen wird viel von Ganzheitlichkeit geredet, aber ganzheitlich bedeutet eben auch, sich den nicht ganz so angenehmen Themen zu stellen und nach Lösungen zu suchen.

Wir müssen die Verantwortung übernehmen und wir haben das Recht, uns zu verteidigen, wenn andere unsere Grenzen nicht respektieren. Die folgenden Hinweise und Zauber sind als genau das gedacht: Sie zielen auf den Schutz vor und die Abwehr von Dingen und Personen, die uns viele Nerven und manchmal auch noch mehr kosten würden, wenn wir sie ungehindert machen ließen, was sie wollen.

Grundlegende Korrespondenzen und passende Symboliken für eigene Zauberarbeiten

Farben

weiß (Harmonie, Klarheit, Reinigung), schwarz (Schutz, Negatives auflösen), rot (Abwehr und viel Energie für größere Probleme, gut mit der Formulierung eines Zaubers aufpassen, damit die Sache nicht ins Gegenteil kippt und sich die Situation erst so richtig aufheizt), helle Blautöne und türkis (Schutz auf Reisen und die Weite genießen)

Edelsteine

Achat (Schutzstein), Hämatit (wehrt Negatives ab, stärkt das Selbstvertrauen, ist – kombiniert mit einem Bergkristall – die Empfehlung, die ich meinen Klienten oft als «Erste Hilfe» in schwierigen Situation ans Herz lege), Türkis (Schutz auf Reisen), Koralle (und alle anderen roten Steine: Abwehr und Schutz, geben Lebenskraft zurück)

Pflanzen

Königskerze (schützt vor Unheil, stärkt, nimmt Angst), Weißdorn (eine der stärksten Schutzpflanzen, grundsätzlich für alle Schutzthemen geeignet, hat sich besonders bei Nachbarschaftsproblemen bewährt), Vogelbeere/Eberesche (starkes Mittel, um negative Einflüsse zu brechen), Eichenrinde (gibt Kraft und Zuversicht), Odermennig (gegen Klatsch), weiße Rosen (harmonisieren, helfen Streit zu schlichten)

Symbolische Dinge

Dornen, Nägel, Nadeln (nicht zum Angriff, sondern als Grenze – bitte beim

Planen von Ritualen genau darauf achten, denn bewusst und positiv genutzt, leisten sie erstklassige Dienste), sämtliche Schutzsymbole (zum Beispiel Pentagramm, Augensymbole, die Hand Fatimas, die Rune Algiz)

Planetenkräfte/Wochentage

Sonntag (Lebensfreude wieder herstellen, Tag der Sonne), Montag (einen Wandel in Situationen einleiten, Zauber für Reisen, Tag des Mondes), Dienstag (Power und Abwehr, Tag des Mars), Mittwoch (Kommunikation ermöglichen, Lösungen finden, Klatsch und negatives Gerede beenden, Tag des Merkur), Donnerstag (Recht und Gerechtigkeit, Tag des Jupiter)

Verbündete (Kraft)Tiere

Adler (Recht haben und bekommen), Bär (großer, sanfter Beschützer, hilft, das Selbstvertrauen beispielsweise nach einer Klatschattacke zu heilen, auch bei Mobbing), Drachen (symbolisches Tier, Schutz und die nötige Energie, um sich zu verteidigen), Fuchs (klug mit Gegnern umgehen, damit man keine Verluste erleidet), Krähen und Raben (kluge Instinkte, Probleme voraussehen, gute Lösungen anstreben), Pferd (Schutz auf Reisen)

Nachbarschaftsstreitereien

Es mag ungewöhnlich erscheinen, hier zuerst einen Abschnitt über Nachbarschaftsstreitigkeiten zu finden, doch die Erfahrung zeigt, wie oft und wie stark dieses Thema das Leben vieler Menschen beeinträchtigt. Es ist erstaunlich, mit welcher Energie sich manche daran machen, ihren Nachbarn das Leben zur Hölle zu machen oder durch völligen Egoismus (laute Musik, Partys bis in die Puppen, gerne auch unter der Woche ...) glänzen.

Natürlich kann und sollte man sich rechtliche Schritte überlegen, wenn Reden nichts hilft. Doch so mancher Störenfried fühlt sich dadurch erst recht angestachelt und die Situation wird unerträglich. Zudem kosten Gerichtsprozesse viel Geld und Zeit – während sich nur selten etwas an den nachbarschaftlichen Beziehungen bessert.

Schützende Pfingstrosensamen

Den Samen der Pfingstrose spricht man seit alters her eine friedlich stimmende Wirkung zu. Wer die Samen nicht selbst ernten kann oder einen befreundeten Gärtner weiß, der wird in Gärtnereien oder im Versandhandel fündig.

Die Samen werden mit getrockneten, weißen Rosenblüten und getrockneten Weißdornblüten vermischt und in kleinen Schälchen in die Fenster gestellt, ein Schälchen kommt zusätzlich neben die Tür.
Diese Mischung wird jeweils zu Neumond erneuert.

Wenn man diesen Zauber verstärken möchte, und es auf unauffällige Weise machbar ist, dann kann man diese Mischung auch rund um den eigenen Wohnbereich oder das Haus verstreuen.

Helfende Pflanzen

Sowohl Hauswurz (Sempervivum), als auch die Myrte werden gerne vor ein Haus gepflanzt, um für Schutz zu sorgen, auch wenn die meisten die magische Bedeutung dieser beiden Pflanzen gar nicht mehr kennen. Hauswurz wehrt alles Böse ab, die Myrte hat jedoch zusätzlich noch den Aspekt, die Liebe zu beschützen. Viele pflanzen im Herbst gern Heidekraut (Erika) in die Blumentöpfe, auf den Balkon oder in den Vorgarten, auch das aus gutem Grund, denn sie gehört ebenfalls zu den schützenden Pflanzen und wehrt alles Negative ab.

Grenzen ziehen allgemein

Gewitterwasser

Für diese magische Technik ist Vorlauf nötig und, so man in der Stadt wohnt, auch ein wenig Kreativität. Aber ich versichere: Wo ein Wille ist, wird der Weg nicht lange auf sich warten lassen. Der Zauber stammt ursprünglich aus dem ländlichen Raum, wo es natürlich leichter war, an diese magische Zutat heranzukommen. Aber dafür haben wir heute andere Vorteile, auf die ich gleich noch eingehe.

Zuerst einmal muss man einen Gewittertag abwarten und dann etwas Regenwasser auffangen. Wasser ist ein sensibles Element, es nimmt die kraftvollen Schwingungen des Gewitters in sich auf und wird damit zu einer Zutat, die in der Magie der Abgrenzung vielfältig eingesetzt werden kann. Man kann symbolische Gegenstände damit beträufeln, einen Ort damit besprenkeln und einsprühen oder Kerzen damit weihen. Es ist so kraftvoll, dass es als alleinige Zutat bereits ausreicht, natürlich kombiniert mit dem eigenen Willen.

Ich würde das Wasser nicht in einer Flasche aufbewahren, denn dann bleibt es nicht lange klar. Hier kann sich die moderne Hexe mit dem Tiefkühler behelfen und es einfrieren, so steht es immer frisch zur Verfügung, wenn man es braucht. Da die Energie eines Gewitters eher elektrisch als heiß (wie das Feuer) ist, muss man sich keine Sorgen machen, dass durch das Einfrieren etwas von der energetischen Essenz verloren gehen würde.

Gegner ausbremsen, um etwas Zeit zu gewinnen

Manchmal braucht man einfach nur etwas Zeit, damit sich eine Angelegenheit ganz von alleine regeln kann oder man die entscheidende Atempause bekommt, um die eigenen Rechte sichern zu können. Das wussten schon unsere Vorfahren, auch wenn heute viele nur ein Lächeln übrig haben für märchenhafte Beschreibungen a la: Doch in Wirklichkeit waren bereits sieben Jahre vergangen. Nun gut, sieben Jahre werden wir nicht gleich benötigen, doch die alten Geschichten zeigen, dass man Zeit nicht immer als lineares Phänomen gesehen hat. Mit ein bisschen Geschick und Übung kann man die Zeit wie ein Seil auch in Schlaufen legen, verknoten oder lösen. Wenn man es genau nimmt, dann basiert ein großer Teil der Magie auf genau diesem Konzept. Denn Zeit passiert ja nicht in einem luftleeren Raum, Zeit bedeutet Leben, ein ewiges Kommen und Gehen.

Die magische Technik hierfür ist sehr alt, einfach und wirkungsvoll: Zuerst einmal sucht man sich einen symbolischen Gegenstand für das Problem. Da dieser symbolische Gegenstand das zentrale Objekt dieses Zaubers ist, sollte man ihn sorgfältig auswählen, am besten aus dem Bauch heraus, hierbei sollte man nicht zu viel nachdenken, sondern ganz dem Gespür vertrauen. Manchmal kann es ein bisschen dauern, bis das Richtige gefunden ist: Aber niemand hat behauptet, dass Magie bequem wäre oder dass man seinen Kopf dafür am Eingang abgeben könnte!

Wenn man das passende Symbol gefunden hat, umwickelt man es mit roter Wolle und zwar komplett, bis es aussieht, wie ein roter Kokon. Das macht man bewusst und in aller Ruhe, wie immer ist die wichtigste Zutat eines Zaubers Bewusstheit! Später, wenn man die nötige Zeit gewonnen hat, greift man zur Schere und löst den Zauber wieder, indem man die Schnur ganz bewusst durchschneidet. Denn was gebunden wurde, muss auch wieder gelöst werden (siehe «Die Magie der Hexen»).

Klatsch stoppen

Wenn es darum geht, negativen Klatsch zu stoppen, muss man realistisch im Auge behalten, dass Klatsch und Tratsch zum Menschen nun einmal dazugehören. Manche Psychologen gehen sogar so weit, das als eine Form der seelischen Reinigung zu bezeichnen. Heute wird über diesen und morgen über jenen geklatscht, das ist nun einmal der Lauf der Welt und die, die sich am lautesten darüber beschweren, sind oft selbst die schlimmsten Klatschbasen. Um diese Form von Gerede geht es mir hier nicht, denn sie stiftet meist keinen Schaden und wir alle wissen: Den meisten Klatsch kriegen notorische Lästermäuler immer noch selbst ab.

Es gibt aber auch eine andere Form von Gerede, die nicht einfach so stattfindet und dann wieder verebbt, sondern die ganz bewusst falsche oder (noch schlimmer) halbwahre Informationen streut. Frei nach dem Motto: Irgendetwas wird schon kleben bleiben. Kommt es gut, dann werden diese Intriganten entlarvt und müssen sich berechtigter Kritik stellen. Kommt es nicht so gut, dann steht ein ehrlicher Mensch im Regen und hat seine liebe Not, den guten Ruf zurückzugewinnen.

Grundsätzlich sollte man Klatsch souverän und gelassen entkräften, indem man seine eigene Meinung vorträgt und es dabei bewenden lässt. Es ist verständlich, möglichst viel gegen das Gerede unternehmen zu wollen, wenn man in der Ehre getroffen ist, aber in der Praxis wirkt aufgeregtes Handeln eher verdächtig, als gelassen in sich zu ruhen, weil man ja sowieso weiß, dass es nicht wahr ist.

Mojo gegen Klatsch

Nimm ein dunkelviolettes Stück Stoff und gib darauf: eine Prise Odermennig, ein paar Alaunkristalle (gibt's im Naturkosmetikbedarf oder als Deokristalle, die nichts anderes als in Form gepresstes Alaun sind, auf dem Etikett steht dann «Ammonium Alum» als Zutat), drei Ein-Cent-Stücke, ein wenig Zedernholz (gegebenenfalls als Ersatz drei Tropfen des ätherischen Öls, doch Ringe aus Zedernholz gibt es in fast jeder Drogerie als Mottenschutz für den Kleiderschrank), ein kleiner Bergkristall, ein kleiner Hämatit und eventuell noch etwas Drachenblutharz, wenn es sich um einen schwierigen Fall handelt.

Entzünde eine violette oder weiße Kerze, während du die Zutaten in das Mojo legst und es bindest. Verschnüre das Mojo, indem du dreimal einen schwarzes und ein weißes Band darum wickelst und beide zusammen mit drei Knoten zubindest. Bitte dabei in freien Worten darum, dass der Klatsch zu seinen Absendern zurückkehren und sich jeder, der ihn vernimmt, ein kluges Urteil darüber bilden möge. Denn auch das sollte man nicht vergessen: Sei der Klatsch auch noch so bissig und verletzend für einen selbst, diejenigen, die ihn hören, bilden sich immer noch ihre eigene (!) Meinung darüber und oft genug fällt die zugunsten des Opfers aus.

Trage das Mojo bei dir oder lege es in deiner Wohnung an einen Ort, den du gerne magst, an dem du regenerierst oder auf deinen Altar, wenn du einen besitzt.

Wenn du das Mojo eines Tages nicht mehr brauchst (das gilt generell für Mojos), löse die Schnur, die es zusammenhält und übergib es den Elementen. Manche Menschen vergraben es unter einem Baum, andere übergeben es einem Feuer, man kann es aber auch in ein fließendes Gewässer geben oder bei stürmischem Wind davon flattern lassen. Eine Möglichkeit ist so gut, wie die andere, was einem spontan am stimmigsten erscheint, ist der richtige Weg.

Das Thema Mobbing

Mobbing ist in der Hexenberatung mittlerweile ein festes Thema geworden, weshalb es unbedingt in dieses Buch mit hineinmuss. Es setzt sich aus vielen, individuellen Faktoren zusammen. Wer gemobbt wird, braucht in vielen Fällen zusätzliche Hilfe von außen, seien es Therapeuten, Selbsthilfevereine oder ein Training zur Selbstbehauptung. In schweren Fällen kommt man oft nicht umhin, das mobbende Umfeld zu verlassen. Die hier vorgestellte magische Hilfe dient dazu, Mut zu machen und Klarheit zu gewinnen, damit man die nächsten Schritte beherzt angehen kann, um sich aus dieser Situation zu befreien.

Kerzenzauber

Nimm eine sonnengelbe oder goldene Kerze und gibt je drei Tropfen der folgenden ätherischen Öle auf einen Teelöffel Sonnenblumenöl: Lavendel, Zeder, Weihrauch und Orange. Salbe die Kerze damit ein und schreibe deinen Namen, sowie das Sonnensymbol (ein Kreis mit einem Punkt in der Mitte) mit einem spitzen Gegenstand in die Kerze. Lege einen Bernstein an den Fuß der Kerze, bevor du sie entzündest. Zuvor ritzt du mit einer dickeren Nadel das Sonnensymbol auch in den Bernstein, wobei man auch eine Minibohrmaschine mit entsprechendem Aufsatz zum Gravieren benutzen kann, Bernstein ist ein sehr weiches Material, das sich gut für magische Zwecke bearbeiten lässt.

Bete in eigenen Worten um eine Verbesserung der Situation und Klarheit für dich, bitte die göttlichen Kräfte, dir beizustehen und erkläre dich bereit, ihre Unterstützung anzunehmen. Wenn die Kerze vollständig abgebrannt ist, trage den Bernstein bei dir, wenn du wieder in die betreffende Situation gehen musst.

Geeignete Edelsteine
Steine können uns im Alltag wie ein kleiner Anker unterstützen, damit wir Halt und innere Festigkeit finden. Es ist dabei ganz egal, ob du ihn als Trommelstein, in der Hosentasche oder als hochwertigen Schmuck in Goldfassung trägst. Wichtig ist nur, dass du diesen individuellen Stein magst, denn jeder Stein ist eine eigene Persönlichkeit. Die Steine, welche sich beim Thema Mobbing besonders bewährt haben, um den Kopf frei zu bekommen, sich zu schützen und sich weitere Schritte zu überlegen, sind:

- Rauchquarz (Schutz, Negatives abwehren, wirkt wie ein Netz in dem sich Lügen und Intrigen verfangen)
- Bergkristall (Klarheit erlangen, sich nicht verwirren lassen)
- Schörl (auch: schwarzer Turmalin, leitet gezielt alles Böse ab)
- Hämatit (Powerstein, reflektiert Negatives, macht Mut, den eigenen Standpunkt zu wahren)
- Granat (gibt Energie, hilft, sich zur Wehr zu setzen)
- versteinertes Holz (innere Zentrierung, die Widersacher durch Gelassenheit überwinden)

Recht haben und Recht bekommen ...

... das sind bekanntlich zwei Paar Schuhe. Als Beraterin bekomme ich des Öfteren Anfragen, ob ich in rechtlichen Dingen helfen könnte. Klare Frage, klare Antwort: In rechtlichen Dingen hilft der Rechtsanwalt. Das ist nicht mein Metier. Und Gerechtigkeit ist ein Wort, dass für so viel Unsinn herhalten muss, dass ich es auch nicht besonders mag. Einigen wir uns also auf: Unterstützung. Nicht mehr, aber auch nicht weniger.

Hilfe für rechtliche Streitigkeiten

Für diesen Zauber brauchst du eine blaue oder eine weiße Kerze, wobei das Blau weder hellblau, noch dunkelblau sein sollte, sondern ein schönes, leuchtendes Blau aus der Mitte dieser Farbskala. Zusätzlich benötigst du: einen kleinen Bergkristall, ein kleines Tigerauge (den Stein) und einen kleinen Amethyst, sowie Schöllkraut (wächst fast überall, das kann man möglicherweise auch selbst pflücken), Eichenblätter und eine winzige Prise Safran.

Nimm die Papiere, die den Rechtsfall betreffen, und lege sie auf deinen Altar oder eine Fläche, die du für den Zauber nutzen willst. Lege darauf eine feuerfeste Platte oder einen feuerfesten Teller, beide sollten dick genug sein, um die Hitze nicht zu stark zu leiten, gegebenenfalls sollte man noch etwas dazwischenlegen. Dann schreibe mit einer Nadel deinen Namen in die Kerze, sowie das Symbol des Jupiter.

♃

Stelle die Kerze auf und mische die Pflanzen, streue sie rund um die Kerze, die noch nicht angezündet ist. Lege Bergkristall, Amethyst und Tigerauge wie ein Dreieck rund um die Kerze aus, entzünde sie dann und bitte deine spirituellen Ansprechpartner um Unterstützung in diesem Fall. Lass die Kerze vollständig herunterbrennen, dann nimm ein Stückchen leuchtend blauen Stoff und gibt die Edelsteine, ein wenig von der Kräutermischung und vom übrig gebliebenen Kerzenwachs darauf und verschnüre es mit einem goldfarbenen Band. Nimm dieses kleine Päckchen mit zu den Verhandlungen, wenn das möglich ist.

Schutz auf Reisen

Traditionell verwendet man den Türkis als Schutzstein, wenn es auf Reisen geht. Aber auch kleine Abbildungen von Pferden, Schiffen oder dem jeweiligen Verkehrsmittel, mit dem man reist, leisten ausgezeichnete Dienste. Eine besondere Kombination findet sich in der folgenden Kette.

Schutzkette

Besorge dir Perlen in den Farben türkis und rot und fädele sie auf eine Schnur: jeweils fünf türkisfarbene Perlen und dann eine rote. Wenn man die Möglichkeit dazu hat, kann man auch kleine Türkis- und Korallensplitter verwenden, aber nicht immer kommt man an diese Materialien so einfach heran.

Wenn die Kette aufgefädelt ist und eine für dich angenehme Länge hat, koche einen starken Tee aus: Kamillenblüten (Harmonie), Distelblättern (man weiß nie ..., sicher ist sicher), Lindenblättern (eine herzliche Reise), Fenchelsamen (positive Kommunikation) und etwas Staub aus deiner Wohnung (wohlbehütet wieder zurückkommen). Lass den Tee eine Weile ziehen, wenn er lauwarm geworden ist, gieße ihn durch ein Sieb und bade die Kette über Nacht darin, am besten auf einem Fensterbrett, so dass der Mond daraufscheinen kann. Am nächsten Tag darf die Kette trocknen und ist somit einsatzbereit.

Exkurs: Die Sache mit den Schwingungen

In esoterischen und magischen Kreisen wird oft und gerne über Schwingungen geredet. Leider bleiben viele Aussagen dabei sehr diffus, so dass man das Gefühl nicht los wird, der Begriff wäre recht schwammig und bezieht sich auf alles und nichts zugleich. Schon der Philosoph Heraklit ließ es nicht an Mystik fehlen, als er um das Jahr 500 vor unserer Zeit verlauten ließ: «Es gibt nichts Festes.» und: «Die Methoden im Umgang mit dem Fließenden sind geheim.» Diese ganze Geheimniskrämerei ist also schon recht alt. Dabei ist der Begriff sehr aufschlussreich, wenn es um die magische Arbeit geht.

Schwingungen gibt es in ganz verschiedenen Ausprägungen: Da wären die Wellenlängen des Lichts, die Schallwellen der Töne und bis ins Kleinste hinein natürlich auch der Tanz der Elektronen, Protonen und noch viel kleinerer Teilchen, die zwischen Anziehung und Abstoßung hin und her pendeln und dabei auf unvorstellbar kleinen Ebenen erschaffen, was die Welt im Innersten zusammenhält.

Auch unsere Sprichwörter lassen durchblitzen, worum es sich handelt: Der Ton macht die Musik, sagt man, um zu zeigen, dass die Schwingung das eigentlich Entscheidende an einer Aussage ist. Genau so, wie man in der Magie sagt: Die Absicht macht den Zauber aus. Auf der magischen Ebene arbeitet man mit den Schwingungen von Tönen, Düften, Materialien, Farben und Wahrnehmungen (unser 7. Sinn), um Veränderungen zu bewirken.

Ich möchte das an einem Beispiel zeigen, welches stark vereinfacht ist, denn natürlich schwingt kein Lebensbereich im luftleeren Raum, sondern alles ist mit allem verknüpft. Sagen wir einmal, ein Mann ist schon seit längerer Zeit Single und möchte das ändern. In seinem Leben schwingt also aktuell das Singlesein mit. Um das zu verändern kann er ganz verschiedene Dinge tun. Er kann ausgehen, sich beim Friseur beraten lassen, an seinen Umgangsformen arbeiten und so weiter.

Wenn man zusätzlich zu diesen weltlichen Dingen die Magie mit ins Boot holt, dann wählt man Korrespondenzen, die mit der Liebe einhergehen, die also in Liebe schwingen. Diese Korrespondenzen sind oft über viele Jahrhunderte und Jahrtausende gewachsen, man denke nur an die Verehrung der Rose und des Jasmins als Liebespflanzen. Es ist unwahrscheinlich, dass man zum Beispiel die Kartoffel dafür auswählen würde, auch wenn natürlich nicht ausgeschlossen ist, dass die neue Liebe in einer Frittenbude entflammt.

Abgesehen davon tut man also gut daran, die erprobten Schwingungsträger zu nutzen, um seinem Leben einen neuen Anstoß zu geben. Kennst du diese silbrigen Kugeln an einem kleinen Gestell, die man sich auf den Schreibtisch stellen kann? Wenn man an einer Seite die äußere Kugel hochhebt und loslässt, schwingt die Kugel auf der anderen Seite nach oben. So ähnlich ist auch der Effekt eines Rituals: Man bringt eine neue Energie in die bestehende Situation ein, und plötzlich kommt etwas in Bewegung.

Das erklärt auch, warum manche Menschen die Energie eines Rituals geradezu abwürgen und ernüchtert meinen, dass Magie sowieso keinen Zweck hätte. Manchmal wird gezaubert, weil man meint, man müsste einem bestimmten Bild entsprechen. Doch dieses äußere Bild ist nicht unbedingt das wahre Selbst. Eine Ehefrau will die Ehe retten, obwohl sie ihren Mann im tiefsten Inneren schon lange nicht mehr liebt. Aber was soll denn die Familie denken, wenn es zur Scheidung käme! Von der finanziellen Absicherung mal ganz zu schweigen ... Dann rennt der wahre Wille nach rechts in Richtung Freiheit, während das Ritual die Situation nach links, in Richtung alles beim Alten, festzurren soll. Das kann einfach nichts werden.

Man sollte sich also ruhig fragen: Will ich das wirklich, entspricht das meiner Wellenlänge, was ich da anstrebe? Warum möchte ich es? Spüre ich ein skeptisches Ziehen im Bauch? Fühle ich mich eigenartig taub, wenn ich an dieses Thema denke? Was fühle ich genau? Man darf sich Zeit lassen, diese Fragen sind oft nicht sofort zu beantworten. Für einen verantwortungsvollen Umgang mit Magie sind sie jedoch sehr wichtig und manchmal ändert ihre wahrheitsgemäße Beantwortung die komplette Richtung der magischen Überlegungen. Warum nicht? Man kann nur gewinnen, wenn man bereit ist, sich in diesem Punkt gezielt in Frage zu stellen und nachzuspüren, ob das Geplante wirklich zu einem passt.

Die Lebensgeister wecken

Grundlegende Korrespondenzen und passende Symboliken für eigene Zauberarbeiten

Farben

gelb, gold und orange (frische Energie, Fröhlichkeit, Lebendigkeit, Lebensfreude), weiß (alle Farben sind darin enthalten, universelle Heilung), grün (Frische, Wachstum), rot (Energie, Kraft, Stärke)

Edelsteine

Bergkristall (innere Klarheit, universell einsetzbarer Stein), Bernstein (Sonnenkraft, Heilung, positive Energie), genauso gelb und anregend: Zitrin (bringt angestaute Energie wieder in Fluss), Granat (belebt und bringt in Schwung), Chrysopras (erfrischende, grüne Energie), Rauchquarz (sich abgrenzen, erden), Heliotrop (stärkt die Lebensenergie generell, was die Brennnessel in der Pflanzenheilkunde ist, ist der Heliotrop bei den Steinen), Jade (hilft, Geben und Nehmen in Balance zu bringen, ist sanft aber hart), Jaspis (für der ideale Helfer längerfristige Beschwerden, er wirkt sanft und ausdauernd)

Pflanzen

Johanniskraut (Lebensfreude und gegen alles, was einem im Nacken sitzt), Königskerze (gegen Alpträume), Zwiebeln und alle Laucharten (traditionell hoch verehrt zum Schutz vor Krankheiten und Unwohlsein), scharfe Pflanzen wie Chili, Ingwer oder Pfeffer (wenn ein starker Impuls nötig ist, um nach einer ruhigen Phase wieder anzuknüpfen), Alantwurzel (Negatives loswerden), Kamille (die große Heilerin)

Symbolische Dinge
Caduceus – der Stab der Heiler, siehe (Kraft)Tiere: die Schlange selbst, Sonnensymbole

Planetenkräfte/Wochentage
Montag (Mondenergie, Heilung, Wandlung), Dienstag (mit Vorsicht!, nur wenn eine Situation kurzfristig einen starken Energieschub benötigt), Donnerstag (Wachstum, Glück und Segen), Sonntag (Heilung, Lebenskraft)

Verbündete (Kraft)Tiere
Biene (Fleiß, der belohnt wird, Sonnenkraft, die Süße des Lebens, trotzdem mit wehrhaftem Stachel – man lässt sich nicht alles bieten), Eule (Wächterin der Nacht, gegen Alpträume und nächtliche Unruhe), Katze (lernen, sich selbst Gutes zu tun, die eigene Sinnlichkeit wahrnehmen, zur Ruhe kommen, wache Sinne und Intuition), Kuh (göttliche Mutter und Kraftspenderin), Otter (Verspieltheit und Neugier wieder entdecken, kreativ werden, alte Muster spielend überwinden), Schlange (Heilung, eine alte Haut abstreifen, tiefstes, inneres Wissen)

Sich selbst Gutes tun

Dieses Kapitel beginnt zunächst bei einem selbst, denn wenn der Helfende nicht im Lot ist, wird alles Weitere zur Überforderung. Und diese Überforderung ist leider an der Tagesordnung, besonders bei Frauen. Nicht wenige pendeln zwischen Beruf, Kindern und/oder der Pflege von Angehörigen, dazu noch freiwillige Engagements und immer ein offenes Ohr für alle anderen. Aber wer kümmert sich eigentlich ausreichend um sich selbst? Nicht wenige übernehmen so viele Aufgaben, dass man sie realistisch gesehen gar nicht schaffen kann.

Auch wenn überall davon geredet wird, dass Frauen einfach nur mehr Aufgaben deligieren müssten, ist genau das der blanke Hohn, angesichts fehlender Strukturen wie in der Kinderbetreuung oder der beruflichen Flexibilität – aber natürlich auch in den Köpfen vieler Männer, die gar nicht auf die Idee kommen, dass die Haushaltsführung beide Partner betrifft.

Für diese Dinge gibt es leider keinen Zauberspruch – gäbe es ihn, ich würde ihn dick auf jede Hauswand schreiben, das könnt ihr mir glauben. Wobei man jedoch munkelt, dass ein magisches Wort schon oft geholfen haben soll, es beginnt mit «N» und hört mit «ein» auf. Die folgenden Rezepte helfen, neue Kraft zu schöpfen, um den vielfältigen Aufgaben die Stirn zu bieten.

Borretschtee

Borretsch ist eine wunderschöne Pflanze, im

Sommer bekommt man ihn frisch im Garten (so man das Glück hat, einen zu besitzen), er ist auch eine tolle Zutat für Kräuterquark. Man kann ihn aber auch getrocknet beim Kräuterhändler des Vertrauens erwerben und sich regelmäßig in einer Kur (zwei bis vier Wochen) je zwei bis drei Tassen am Tag davon gönnen. Borretsch ist eine der besten Pflanzen gegen Niedergeschlagenheit und Erschöpfung, was heute kaum noch bekannt ist.

In älteren Kräuterbüchern stößt man jedoch immer wieder auf diese Empfehlung, anscheinend haben auch Pflanzen so ihre Moden. Heute denken die meisten an Baldrian, Hopfen oder Johanniskraut, wenn es um die Nerven geht. Doch auch der gute, alte Borretsch leistet seine Dienste. Er hilft, innerlich wieder auf die Beine zu kommen und kann auch vorbeugend eingenommen werden, wenn man weiß, dass einem schwierige Zeiten bevorstehen.

Hämatit – Bergkristall – Bernstein

Diese «magischen Drei» empfehle ich jedem, der beruflich oder privat helfend tätig ist, wobei Helfen ein weites Feld ist und nicht nur auf heilende Berufe oder Tätigkeiten bezogen werden sollte, sondern von der Kindergärtnerin bis zum Servicemitarbeiter alle Bereiche betreffen kann.

Die Drei sind die perfekte Mischung, um die eigene Kraft zu erhalten, während man andere unterstützt: Der Bergkristall sorgt für die nötige Klarheit im Denken und Tun, er vermittelt magisch gesehen auch zwischen den anderen beiden Steinen. Der Hämatit schützt, erdet und grenzt ab. Er enthält sehr viel Eisen, was ihn zu einem echten Powerstein macht. Wo etwas zu viel wird, da gleicht er aus. Der Bernstein schließlich ist pure, mütterliche, nährende Energie, wie zu Stein gewordener Honig für die Seele. Ihm haftet bis heute ein bisschen das Image des Schmucks für ältere Damen an. Da kann man nur sagen: Diese Damen wissen auch, warum!

Orangenwasser

Ähnlich dem Rosenwasser bekommt man Orangenwasser in Apotheken, Feinkostgeschäften, bei Händlern für Naturkosmetikrohstoffe oder in Bioläden. Bei den glücklichen Franzosen muss man dafür zum Teil nur in den Supermarkt an der Ecke gehen, aber bei uns ist es nicht ganz so einfach zu bekommen.

Orangenwasser hat eine ausgezeichnete entspannende und vitalisierende Wirkung, wenn man es leicht angewärmt (mindestens handwarm, wenn die Haut sich vor der Kälte erschreckt, ist die Entspannung dahin) sanft in die Kopfhaut einmassiert. Manchmal erhält man es auch unter der Bezeichnung Neroliwasser, das aus den Orangenblüten gewonnen wird. Man kann es in stressigen Zeiten tagsüber, vor allem aber abends einmassieren. Das kostet nicht viel Zeit, wobei man sich natürlich überlegen sollte, ob nicht ein wenig Zeit und Ruhe für die Anwendung genau das Richtige wären, wenn es im Leben gerade hoch her geht.

Zypressenöl für Pflegende

Die Zypresse ist vor allem als Baum des Todes bekannt, aber das wird ihr nicht vollständig gerecht. Ihr ätherisches Öl in der Duftlampe oder ein Tropfen davon auf einem Tuch bei sich getragen, mögen ganz sicher Trauernde unterstützen, doch dieses Öl ist auch hilfreich, wenn man durch Pflege und die Arbeit für andere in seinen eigenen Kräften angegriffen ist.

Langfristig muss dafür gesorgt werden, das auf anderen Wegen auszugleichen, doch zur kurzfristigen Unterstützung ist Zypresse ideal. Wenn man unterwegs ist und nicht einfach eine Duftlampe anmachen kann, kann man auch ein bis zwei Tropfen auf einen Schal oder ein Tuch geben, das das mitmacht (nicht auf den besten Seidenschal, das ist klar) und mitnehmen, um zwischendurch daran zu schnuppern.

Die Selbstheilungskräfte aufmuntern

Brennnessel

Kaum eine Pflanze wird in der hiesigen Volksheilkunde so sehr geschätzt wie die Brennnessel, wenn es um die allgemeine Stärkung geht. Dazu verwendet man die Blätter und bereitet daraus einen Tee zu, von dem man am besten kurweise etwa sechs Wochen lang zwei bis drei Tassen am Tag trinkt. Im Frühjahr und Sommer kann man auch frischen Brennnesselspinat als Beilage zum Essen zubereiten. Die Brennnessel stellt uns großzügig zahlreiche wertvolle Nährstoffe zur Verfügung, magisch betrachtet ist die ein Kind des Mars, welcher uns (richtig dosiert) Lebenskraft und neuen Mut verleiht.

Zwiebelzauber

Ebenfalls eine Marspflanze, steht die Zwiebel hoch in der Gunst, wenn es darum geht, neue Kräfte zu schöpfen. Das kann man ganz praktisch tun, indem man Zwiebeln isst beziehungsweise mit ihnen würzt, man kann aber auch auf der symbolischen Ebene arbeiten. Dazu kauft man sich einen kleinen Zwiebelzopf, man kann ihn natürlich auch selbst binden, wenn man möchte. Zwiebelzöpfe sind eine uralte Form der Küchenmagie.

Die Zwiebel wurde gerne und häufig als Abwehrzauber und für gute Gesundheit benutzt, da man früher glaubte, dass sie krank machende «Dämpfe» aufhalten würde. Und das so gut wie überall, wo sie bekannt war oder ist: vom alten Ägypten bis zu den Großmüttern heutiger Tage, die selbstverständlich einen Zwiebelzopf in der Küche haben, auch wenn die ursprüngliche Zauberwirkung gar nicht mehr so bewusst ist.

Doch zurück zu unserem Zauber: Zusätzlich zum Zwiebelzopf besorgt man sich ein breiteres rotes Band und etwas goldgelbes Stickgarn oder ganz normales Garn in einem leuchtenden Gelbton (nicht Zitrone, eher Eidotter, wir wollen hier nicht die Kraft des Merkurs, sondern die der Sonne). Nun ist es an der Zeit, in sich zu gehen und in maximal drei Worten zu beschreiben, was man erreichen möchte. Das kann zum Beispiel sein: «mehr Lebensfreude» oder «weniger Belastungen», «Zeit für mich», «Raum fürs Hobby» und vieles mehr, von dem man weiß, dass es einem guttun würde.

Nun kommt der schwierige Teil: Sticke diese Worte mit dem gelben Faden auf das rote Band. Wer keine Übung darin hat, sollte nicht verzweifeln, es geht nicht darum, einen Schönheitspreis dafür zu gewinnen, sondern darum, dass man diese Aufgabe bewusst und liebevoll erfüllt. Wenn es gar nicht anders geht, kann man auch einen wasserfesten goldenen Marker verwenden, aber es geht in der Magie nicht darum, den leichtesten Weg zu wählen. Ein bisschen Eigeninitiative und das Überwinden von Hindernissen werden schon in den magischen Überlieferungen der Märchen mehr belohnt, als Bequemlichkeit und der Weg des geringsten Widerstands.

Danach schlingst du das Band zwischen die Zwiebeln, ganz wie es kommt, so dass es zum Schluss fest im Zopf untergebracht ist. Hänge diesen Zopf an einen Ort, der dir passend erscheint, das kann das Schlafzimmer sein, die Küche, der Schreibtisch, der Flur – notfalls kannst du ihn auch in eine Schublade legen, wenn du in deinem Wohnumfeld keine Fragen aufwerfen möchtest.

Für andere da sein

Jemandem Gutes wünschen

Für diesen Zauber braucht man etwas Vorlauf, zuerst muss man einen geeigneten Stein finden und dann einen passenden Baum. Ideal wäre ein Baum, der traditionell für Lebenskraft steht, wie eine Eiche, eine Linde oder eine Kastanie. Eher «zarte» Gewächse, wie Birken sind hier nicht so geeignet. Die zweite Herausforderung besteht darin, dass der Baum eine erreichbare Astgabel haben muss.

Nimm den gefundenen Stein und zeichne darauf mit rotem Stift oder roter Farbe ein Radkreuz, das ist ein Kreis, den ein Kreuz im Inneren in vier gleich große Abschnitte unterteilt. Zeichne die Initialien der Person darunter, man kann auch den Spitznamen daraufschreiben, es sollte sehr persönlich sein, aber keine Rückschlüsse zulassen, falls der Stein irgendwann einmal gefunden würde.

Gehe an einem Sonntag möglichst früh zum ausgewählten Baum und lege den Stein in die Astgabel. Gieße als Dank Quellwasser an die Wurzeln des Baumes oder lege dort (besonders empfehlenswert, wenn es um gesundheitliche Themen geht) drei rohe Eier ab und bitte um Schutz, Gesundheit und Segen für die betreffende Person, in einer Weise, die für sie wirklich hilfreich ist. Formuliere deinen Wunsch durchaus klar und deutlich. Das letzte Wort zu seiner Erfüllung hat jedoch allein das Schicksal, nicht du. Gehe danach heim, ohne dich umzusehen.

Noch eine Bemerkung dazu: Es gibt magische Praktiker, die es ablehnen, anderen Gutes zu wünschen, wenn diese nicht ausdrücklich darum gebeten haben. Ich respektiere diese Meinung und doch wirkt sie manchmal künstlich und lebensfremd. Übrigens habe ich sie auch vertreten, bis mir eines Tages eine junge Frau schrieb. Sie erzählte mir, dass ihr Vater im Koma liegt und sie sich nicht traut, ihm liebevolle Gedanken zu senden, weil sie gelesen hatte, dass man das nicht darf. Nun befand sie sich in einem fürchterlichen Zwiespalt: Einerseits wollte sie helfen, auf der anderen Seite war da die Angst, etwas Unrechtes zu tun. Dieser Moment hat meine Meinung verändert. Dogmatismus darf niemals über aufrichtiges Mitgefühl siegen.

Wenn jemand, der einem nahe steht, durch einen Unfall ins Krankenhaus kommt, wenn die beste Freundin ein Kind bekommt oder wenn zum Beispiel ein Verwandter den Mut fasst, seine Depressionen endlich behandeln zu lassen, dann wird jeder Mensch mit Herz ihnen Gutes wünschen. Dagegen ist absolut nichts zu sagen, so lange man dem Schicksal oder der betroffenen Person nicht vorschreibt, wie dieses Gute auszusehen hat!

Man hat mittlerweile nachgewiesen, dass Menschen, für die während der Genesung gebetet wird, schneller und besser wieder gesund werden, selbst wenn sie davon gar nichts wussten. Wir sollten nicht zulassen, dass die an sich gute Idee der Eigenverantwortlichkeit dazu führt, dass sich jeder nur noch als Einzelkämpfer sieht. Gegenseitiger Halt ist in diesen verrückten Zeiten wertvoller denn je geworden. Füreinander da zu sein, ohne sich gegenseitig Vorschriften zu machen, ist der Schlüssel zum Glück.

Krankheiten in Weidenzweige knoten

Dieser Zauber ist uralt, ähnliche Zaubereien finden sich in vielen Kulturkreisen, so dass man seinen Ursprung nicht wirklich festmachen kann. In der ganz einfachen Version geht man zu einer Weide, streicht mit einem ihrer weichen Zweige über die schmerzende oder kranke Stelle und macht dann eine Schlaufe in den Zweig, um die Krankheit symbolisch zu binden. Dieser Knoten wird natürlich nicht fest zugezogen, sondern sanft gebunden, ohne den Zweig abzuknicken.

Man kann auch ein Symbol für die Krankheit finden und in einen Weidenzweig binden, vom Zettel, auf den man das Leiden schreibt, bis hin zum handgemachten Püppchen, das man in die Zweige hängt, ist alles denkbar. Solche Traditionen sind bis heute sehr lebendig, erst vor Kurzem sah ich bei einer Wanderung in ländlicher Umgebung ein liebevoll gestaltetes Püppchen, das mit mehreren Zweigen umknotet an einer Weide hing.

Ein Gesundheitspüppchen

Die Magie mit Puppen ist immer noch ein Stiefkind der modernen Magie, zumindest in der hiesigen Esoterik. Schnell wird dahinter dunkler Voodoo vermutet, was nur zwei Schlüsse zulässt: erstens, dass man zu ungeprüften Vorurteilen gegenüber spirituellen Traditionen anderswo auf der Welt neigt. Und zweitens, dass man die eigenen Traditionen noch viel weniger kennt.

Denn magische Puppen sind in allen Gegenden der Welt beliebt und verbreitet (gewesen). Seien es die sagenumwobenen Alraunenmännchen des Mittelalters (die so beliebt waren, dass sie sogar mit Zaunrüben und anderen Wurzeln gefälscht wurden), die Kornpuppen auf dem Feld nach der Ernte, die russischen Püppchen, welche über das Glück eines Haushaltes wachen sollten oder die Knochenschnitzereien bei den Inuit.

Es ist mir unverständlich, dass die Magie mit Puppen in ein so schlechtes Licht gerückt werden konnte, aber da Bilder stärker sind als Worte, dürften einige Hollywoodfilme nicht wenig dazu beigetragen haben. Die meisten von uns haben als Kinder mit Puppen gespielt, die wie gute Freundinnen behandelt wurden. Und an genau diese natürliche und positive Verbindung zum Thema Puppen kann man anknüpfen, wenn man sich mit dem Bereich Puppenmagie befassen möchte.

Für ein Gesundheitspüppchen braucht man gröberen Stoff (Jute eignet sich gut) und schneidet eine Art Lebkuchenmann daraus aus. Die Puppe wird an den Rändern vernäht, dabei lässt man jedoch ein Loch, das groß genug ist, um alle Zutaten einzufüllen. Für eine Puppe, mit der man anderen Gesundheit wünschen möchte, sind folgende Zutaten ideal:

Aventurin (neue, frische Energie)
Bernstein (sich geborgen und behütet fühlen)
Karneol (neue Lebenskräfte)
Achat (Schutzstein Nummer eins)
Türkis (zieht Negatives ab)
Bergkristall (ist immer eine gute Wahl, auch wenn man unsicher ist, welcher Stein der Richtige wäre, er ist sozusagen der Universalstein)
Johanniskraut (pure Sonnenkraft)
Sonnenblumenblät-

ter (fröhliche, positive Energie)
Minze (extra Energiekick)
Lindenblüten (besänftigen, nehmen Ängste)
Klee (Glück und Zuversicht)
Wegerich (Widerstandskraft)
Weißdorn (starke Schutzpflanze)
Kamille (von klein auf eine der wichtigsten Heil- und Helferpflanzen)
Himbeerblätter (in den Himbeeren wohnt ein außerordentlich freundlicher Geist, auch für Heilungsmagie)

ᚢ

kleine Abbildungen oder Figuren von Schlangen (Heilkunst), Bären (Wissender der Heilkunde), Sonnen, der Ruhe Uruz

Wenn man die Puppe mit den persönlich gewählten Zutaten gefüllt hat, näht man sie zu. Nun gestaltet man sie äußerlich, indem man ihr beispielsweise mit Knöpfen Augen aufnäht oder das Gesicht mit wasserfesten Stiften aufmalt. Die Puppe wird bekleidet mit kleinen Stoffresten oder einem gekauften Puppenkleidchen in passender Größe.

Danach bespricht man mit ihr ihren Auftrag, bringt sie mit den vier Elementen in Berührung (erst durch etwas Räucherwerk ziehen, dann kurz mit einer Flamme entlangfahren, danach mit Wasser besprenkeln und zum Schluss auf die Erde legen) und kann sie anschließend verschenken.

Natürlich kann man solche Puppen auch für sich selbst machen. Für kränkelnde Kinder sind sie ebenfalls ideal. Und selbstverständlich muss jede ernste Erkrankung von einem Arzt behandelt werden, das ist ganz klar. Doch so eine selbst gemachte Puppe kann gerade bei

Kindern ungeahnte Selbstheilungskräfte freisetzen, weil die Kraft der positiven Einbildung bei Kindern meist sehr unverstellt und stark ist. Vor einer Weile hatte ich zum Beispiel ein Schutzmojo für eine alleinerziehende Mutter angefertigt, die es ihrem Kind gezeigt hatte, das gerade an Angina litt. Am nächsten Tag war die Angina weg und das Mojo nahm seine eigentliche Arbeit auf.

Wer absolut nicht nähen kann, kann auch eine Stoffpuppe kaufen, an der Seite ein Stückchen weit auftrennen und etwas Füllmaterial entnehmen, um die magischen Zutaten dessen anstelle hineinzufüllen. Anschließend vernäht man sie wieder und weiht sie wie beschrieben. Im Zweifelsfall rate ich aber zum selbst nähen, denn jedes noch so wilde Rupfenpüppchen trägt mehr persönliche Energie, als ein fertig gekauftes Massenprodukt.

Der Mantel der Nacht

Die Nacht ist eine besondere Zeit, einiges kann hier verschwimmen, anderes tritt umso klarer hervor und nicht immer sind das die Gedanken, die uns zur Ruhe kommen lassen. Die folgenden Tipps sind über Jahrhunderte erprobt, ich möchte aber hinzufügen, dass auch das richtige Denken wahre Berge versetzen kann, wenn es um einen guten Schlaf geht.

Kleinen Kindern liest man Gute-Nacht-Geschichten vor, damit sie sanft ins Reich der Träume gleiten können. Doch was tun Erwachsene? Sie ziehen sich Krimis oder den Horror abendlicher Nachrichten rein, bevor sie von ihrem Körper und dem Unterbewussten allen Ernstes erwarten, dass es nun friedlich zu Bette geht. Man muss schon ein bisschen auf seine Gedanken aufpassen und kann nicht davon ausgehen, dass der Körper einfach aus dem Nichts heraus zur Ruhe findet, wenn man Geist und Seele von früh bis spät auf Aktivität gepolt hat.

Guter Schlaf

Die Kristallschale

Gib drei ungeschliffene Bergkristalle in eine Schale mit Salzwasser. Dafür gibt man einen Esslöffel reines Meersalz auf etwa 250 ml Wasser. Die Kristalle sollten vollständig mit Wasser bedeckt sein. Diese Schale wird unter das Bett gestellt, bis das Wasser verdunstet ist, danach erneuert man es. Das Salzwasser bewirkt in Kombination mit den Kristallen Schutz vor den Phantasiegebilden der Nacht, so dass man wieder zur Ruhe finden kann. Ist es einem nicht möglich, die Schale unter das Bett zu stellen, dann positioniert man sie ans Fußende.

Ein Amulett

Zeichne dieses Amulett mit rotem Stift auf ein Stück Papier oder sticke es mit rotem Garn auf ein Stück weißen Stoff. Lege es anschließend unter die Mitte deiner Matratze und du bist gut geschützt im Schlaf.

Wenn du magisch aktiv mit deinen Träumen arbeitest, dann ist dieses Amulett allerdings nicht das Richtige für dich, weil es zu stark abschirmend wirken kann. In diesem Fall wäre die Kristallschale sicher besser geeignet.

Gegen Alpträume

Nicht nur Kinder können von Alpträumen geplagt werden, auch Erwachsene leiden phasenweise darunter. Die Volksmagie hat sich traditionell mit diesem Thema auseinandergesetzt, denn auch unsere Altvorderen brauchten einen erholsamen Schlaf für die harte Arbeit des Tages.

Nimm ein nachtblaues Stück Stoff aus Satin oder Seide und schlage die folgenden Dinge darin ein: einen Esslöffel Königskerze, einen Bernstein, einen blauen Stein (vom Saphir bis zum gefundenen Feldstein ist jeder Stein möglich, so lange er nur schön blau ist), ein Stückchen Koralle, eine Kaurimuschel und zwölf Kamillenblüten. Wickle den Stoff wie ein Päckchen zusammen und verschnüre ihn mit goldenem Band. Dieses kleine Mojo legst du unter dein Kopfkissen oder hängst es an einen Bettpfosten, wo es dann auch verbleibt. Wenn man das Mojo für Kinder anfertigt, ist es bestimmt ein großer Spaß für sie, dabei tatkräftig mitzuwirken!

Wer lieber auf die Kraft des Räucherns vertraut, dem empfehle ich eine Mischung aus 1/3 Königskerze, 1/3 Johanniskraut und 1/3 Angelikawurzel, um das Schlafzimmer auszuräuchern. Danach lüftet man es kräftig aus und kann sich dann zur Ruhe legen.

Exkurs: die Kraft des Gebets

Es ist erheiternd und erstaunlich, wenn man ausgerechnet vom skandalumtriebenen Magier Crowley liest, dass er sich zu Lebzeiten über die mangelnde Praxis des Gebets bei seinen spirituellen Schülern beschwerte. Mit dem Beten verbinden viele erst einmal die Kirche, das ist nur logisch, betrachtet man unseren kulturellen Hintergrund. Wer sich für neuere spirituelle Wege interessiert, sollte dabei aber nicht das Kind mit dem Bade ausschütten. Genauso, wie die Engel weitaus älter sind als die heutigen Weltreligionen, ist es auch die spirituelle Technik des Gebets.

Ein Gebet bedeutet, in Zwiesprache mit der Kraft zu gehen, die das Leben in Bewegung hält. Für die einen ist das Gott, für andere Allah, für manche die Große Göttin und so einige wollen das gar nicht näher definieren, weil es sowieso zu groß für den menschlichen Geist ist. Diese Frage ist Privatsache meiner Leserinnen und Leser, ich schreibe über Magie, nicht über Religion und wähle daher den neutralen Begriff des Göttlichen.

Gebete sollten nicht mit Wunschmagie verwechselt werden, sie sind ein persönliches Gespräch zwischen dir und dem Göttlichen. Es ist nichts dagegen zu sagen, wenn man ab und an ein Stoßgebet gen Himmel schickt, aber man sollte niemals nur dann beten, wenn man etwas braucht.

Es gibt in diesem Zusammenhang einen weisen

Spruch: Sage mir zu wem du betest, wenn es dir gut geht und ich sage dir, wie es wirklich um deine Spiritualität bestellt ist. Das trifft den Nagel auf den Kopf. Beten heißt, sich zu besprechen, im Geiste oder auch in Worten. Es hilft, zu reflektieren und in die innere Mitte zu finden. Kein Thema ist dabei tabu. Wenn das Göttliche alles ist, was existiert, dann kann kein Lebensbereich von der gegenseitigen Kommunikation ausgeschlossen sein. Man kann immer und überall beten, mit oder ohne eine bestimmte Körper- oder Handhaltung, ganz wie es einem angenehm und stimmig erscheint.

Beten hat aber auch noch einen anderen, positiven Nebeneffekt: Aus dieser spirituellen Praxis erwächst mit der Zeit das, was unsere Großmütter als gesundes Gottvertrauen bezeichnet haben. Als Hexe sehe und höre ich vieles, aber eines fällt immer wieder auf: Einige Leute arbeiten magisch ohne jedes Gottvertrauen. Das wirft natürlich schnell Zweifel auf, man ist ständig unsicher, ob ein Zauber wirken wird, fühlt sich vielleicht sogar von allen guten Göttern im Stich gelassen, wenn das Schicksal ein Veto einlegt. In diesem Fall gilt es, erst einmal an der Verbindung zum Göttlichen zu arbeiten. Man zaubert ja nicht ins Nichts hinaus, sondern kommuniziert in einem Ritual mit der universellen Lebenskraft. Das ist ein Spiel zwischen dir und der anderen Seite, keine Einbahnstraße.

Ich wurde schon oft gefragt, ob Rituale nicht so etwas wie inszenierte und symbolisch bekräftigte Gebete sind. Es wird verschiedene Meinungen dazu geben, ich schließe mich dieser Sichtweise jedoch durchaus an. Durch die verwendeten Symbole, Pflanzen, Steine und so weiter wird der «Kraftabdruck» beim Ritual sicherlich stärker ausfallen, als beim eher geistigen Gebet, in das man vorrangig die eigene, aber keine weiteren helfenden Energien einbringt. Doch grundsätzlich sind beide Wege Formen, mit dem Göttlichen zu kommunizieren, um Inspiration, Rat, Veränderung oder Glück zu erlangen.

Home sweet Home

Grundlegende Korrespondenzen und passende Symboliken für eigene Zauberarbeiten

Farben
gelb (Lebensfreude), orange (Energie, Heiterkeit), frisches Grün (Wachstum, Gedeihen, Wohlstand), weiß (vereint alle Farben in sich, Harmonie), rosa und beerige Farben (positive Energie)

Edelsteine
Rosenquarz (Harmonie), versteinertes Holz (zum Beruhigen der Situation, wenn es gerade hoch hergeht), Amethyst (Frieden und Ausgeglichenheit), Orangencalcit (fröhliche, frische Energie), Aventurin (Wachstum und Gedeihen, auch in materieller Hinsicht)

Pflanzen
Hauswurz (auch: Sempervivum oder Donarsbart, starke Schutzpflanze), Schlüsselblume (bringt Erfolg, auch bei allen Themen rund um das Haus oder die Wohnung), Rosen (Harmonie, aber auch Abwehr von Negativem), Weißdorn (Harmonie, wehrt Negatives ab)

Symbolische Dinge
Besen (Schutz, leitet Negatives ab, wenn mit den Borsten nach oben aufgestellt), Türkränze (Augensymbolik

beziehungsweise schützende Weiblichkeit, Schutz), Brot und Salz (Wohlstand und Schutz)

Planetenkräfte/Wochentage
Donnerstag (Besitz, Stärke, Wachstum, Geld), Sonntag (Harmonie, Gesundheit)

Verbündete (Kraft)Tiere
Fuchs (Diplomatie und Feingefühl), Gans (Schutz des Zuhauses, wer schon einmal Gänse in Aktion erlebt hat, der weiß auch, warum ...), Widder (ungebetenen Besuch mit Power loswerden), für Hausbau und Ähnliches: alle Tiere des Elementes Erde (siehe Anhang)

Eine neue Wohnung finden

In manchen Großstädten ist die Wohnungssuche das reinste Abenteuer oder schlichtweg unbezahlbar geworden, wenn man etwas halbwegs Schönes sucht. Es kann ausgesprochen hilfreich sein, wenn man sich bei der Suche nach einer Wohnung mit dem Geist der Stadt oder des speziellen Stadtviertels, in dem man leben möchte, verbündet.

Wenn es um eine Stadt als solche geht, wählt man für diesen Zauber ihren Marktplatz, geht es um ein bestimmtes Viertel, dann sucht man den Mittelpunkt dieses Viertels auf, also den Ort, wo das Herz des Viertels schlägt. Wenn du ihn ausfindig gemacht hast, nimm eine kleine Schale und lege für jedes Element und für dich selbst ein Symbol hinein. Das kann zum Beispiel sein: eine Feder (Luft), ein Karneol (ein roter Stein für das Feuer), eine kleine Flasche Wasser und etwas Erde aus einem Blumentopf von dir (Erde). Als Symbol für dich kannst du ein paar Haare von dir benutzen.

Zusätzlich ist es schön, wenn man noch eine Blüte in die Schale legt. Nimm all die Zutaten mit und gehe an den gewählten Ort. Manchmal muss man ein bisschen erfinderisch sein, damit man ungestört ist. Sonntags früh zwischen vier und sieben Uhr ist eine ausgezeichnete Zeit, in der auch Großstädte schlafen. Manchmal reicht es aber schon, während der Woche auf die Zeit nach 22 Uhr zu warten, wenn die Stadt sich langsam beruhigt. Tritt zuerst geistig mit der Energie des Ortes in Verbindung und bitte in

Gedanken oder auch mit gesprochenen Worten um einen schönen Platz zum Wohnen in diesem Gebiet. Als Geschenk und zum Bekräftigen deines Wunsches, arrangiere dann alles in der kleinen Schale und bitte um Unterstützung für deinen Wunsch.

Wenn du spürst, dass alles gesagt ist, verabschiede dich kurz, lass die Schale an Ort und Stelle stehen und gehe heim, ohne dich umzudrehen. In vielen Fällen findet man schon nach ein bis zwei Monaten die passende Bleibe, dabei sollte man die Augen offen halten und flexibel sein, denn manchmal senden einem die guten Geister auch etwas anderes, als das, was man im Sinn hatte – wobei sie sogar noch eine bessere Idee hatten, als man selbst! Es ist wichtig, keinen Tunnelblick zu entwickeln, sondern spielerisch mit den Energien umzugehen, so kann man das Beste erreichen.

Für Harmonie zu Hause

Fülle eine kleine Schale mit Rosenwasser und gib einen Rosenquarz hinein, so dass er ganz bedeckt ist. Schreibe mit pinkfarbenem Stift deinen Wunsch nach Harmonie auf einen kleinen Zettel und zeichne das Symbol der Venus auf die andere Seite des Zettels.

♀

Lege ihn direkt unter die kleine Schale, die du im belebtesten Raum der Wohnung aufstellst.

Ungebetener Besuch

Im Hoodoo gibt es einen besonderen Zauber, um ungebetenen Besuch loszuwerden: Man fegt, während er da ist. Da die Symbolik allgemein bekannt ist, weiß der Besuch, dass er zu gehen hat. Davon können wir hierzulande zwar nicht ausgehen, aber die Symbolik des Besens als zaubermächtigem Gegenstand ist auch bei uns bekannt.

Für diesen Zauber benötigst du einen Besen mit natürlichen Borsten. Er sollte auch «in Betrieb» sein, das heißt, hin und wieder benutzt werden, selbst wenn man im Alltag eher zum Staubsauger greift. Wichtig ist auch, einen Besen immer mit den Borsten nach oben abzustellen, so kann er Negatives ableiten, man denke nur an die Schutzrune Algiz, die einem stilisierten, stehenden Besen recht nahe kommt, wenn man sie einmal unter diesem Aspekt betrachtet.

Doch zurück zum Zauber, den man etwas abgewandelt auch in unseren Breiten sehr gut einsetzen kann. Schneide dafür ein paar Bürstenhaare aus dem Besen und übergieße sie mit kochendem Wasser. Verwende diesen Aufguss als Putzwasser für die Tür- und gegebenenfalls auch die Hausschwelle, je nachdem, ob du eine Wohnung oder ein Haus bewohnst. Füge keine weiteren Putzmittel dazu und denke, während du die Schwelle damit säuberst, ganz gezielt an die Personen oder den Personenkreis, den du nicht mehr vor deiner Tür haben möchtest.

Wichtig: Die Zeiten und Meinungen können sich ändern! Möchtest du diese magische Versiegelung eines Tages wieder aufheben, wische die Schwelle zuerst mit Salzwasser, lass sie trocknen und wische sie danach noch einmal mit einem Aufguss aus weißen und gelben Rosenblütenblättern.

STREIT SCHLICHTEN, UM ZU REDEN

Manchmal ist Streit ein reinigendes Gewitter und beflügelt festgefahrene Situationen hin zur Lösung. Manchmal ist er aber auch ein großes Hindernis, das jede weitere Entwicklung im Keim erstickt. Besorge dir in diesem Fall eine sogenannte Tropfkerze, das sind Kerzen, die verschiedene Farben haben und eine unregelmäßige Oberfläche besitzen, so dass sie bunt tropfen, wenn man sie abbrennt.

☿

Warte auf den nächsten Mittwoch, der kommt, und ritze das Symbol des Merkur auf den Boden der Kerze. Schreibe die Namen aller direkt an diesem Streit Beteiligten vorsichtig mit einer Nadel oder einen Zahnstocher auf die Kerze und salbe sie mit einer Mischung der folgenden Öle ein: Weihrauch, Lavendel und Lemongrass. Verwende dafür Handschuhe, gerade Lemongrassöl ist hautreizend. Entzünde anschließend die Kerze und setze dich in konzentrierter Stimmung davor. Bitte um Unterstützung für alle, die an der Situation beteiligt sind, bitte um Klärung und darum, dass die guten Mächte eingreifen mögen, damit sich die Lage entspannt und vernünftiges Reden möglich wird. Dann lass die Kerze herunterbrennen.

Die Kerzenreste werden anschließend im Hausmüll entsorgt. Natürlich hört es sich auf den ersten Blick viel magischer an, wenn man sie vergraben oder einem Fluss übergeben soll. Doch sind unsere Wachsreste dort wirklich gut aufgehoben? Kerzen, die mit ätherischen Ölen behandelt wurden, sollten zum Beispiel auf keinen

Fall in die Natur gegeben werden, denn viele ätherische Öle sind umweltgefährlich, töten Wasserorganismen und schädigen den Boden. Manchen mag das verwundern, sind sie doch absolut natürliche Stoffe, aber sie würden in der freien Natur niemals in diesen Konzentrationen und schon gar nicht in einem Fluss vorkommen, wo sie großen Schaden anrichten können.

Zudem sollte man sich als ganzheitlich denkender Mensch nicht zu fein sein, auch Müll und Abfall als normale Bestandteile des Lebens zu sehen. Was zum Beispiel die Schamanen in anderen Kulturen schon immer wussten, ist bei uns noch verpönt. Hier können Meditationen helfen und so manche Sichtweise erneuern.

Wohnungen/Häuser und anderes vermieten oder verkaufen

Als praktizierende Hexe werde ich öfter einmal um Rat gefragt, wenn sich ein Haus oder eine Wohnung so gar nicht an den Mann beziehungsweise die Frau bringen lassen will, sei es zur Miete oder zum Kauf. Manchmal ist das wie verhext: ein schönes Objekt, in guter Lage, eine günstige Miete oder ein fairer Preis und trotzdem schaut bestenfalls mal ein Interessent vorbei, der später kein Wort mehr von sich hören lassen wird.

Sind alle handfesten Punkte ausgeschöpft, die man verbessern kann, dann kann eine spirituelle Reinigung zum Erfolg verhelfen. Häuser/Wohnungen sind Orte, in denen sich Personen lange aufhalten und ihnen damit in gewisser Weise ihren Stempel aufdrücken, der auch dann noch nachwirken kann, wenn sie schon lange ausgezogen sind. Zudem ist ein Haus oder eine Wohnung auch selbst «jemand», sie haben einen eigenen Spirit, was beispielsweise für traditionell lebende Indios bis heute ganz normal ist.

Für dieses praktische Rezept zur Reinigung einer Wohnung von allem negativen Ballast mischt man in ausreichender Menge:

1/3 Meersalz, 1/3 Weißdorn und 1/3 Königskerze. Die Zutaten werden anschließend (bereits vermischt) im Mörser oder Mixer fein gemahlen und danach im Uhrzeigersinn in den betreffenden Räumen verteilt. Dort verbleiben sie über Nacht auf dem Boden und werden anschließend mit einem Besen (kein Staubsauger, das ist in diesem Fall nicht dasselbe) entgegen dem Uhrzeigersinn aufgefegt und weggeworfen.

Nun räuchert man (ungespritzte) Orangen- und Zitronenschalen und lässt die Räume kräftig durchlüften. In schweren Fällen kann man diese Prozedur noch zweimal wiederholen, am besten im Abstand von drei Tagen (der erste Tag, dann zwei Tage frei lassen, dann weitermachen). Wer nicht räuchern möchte oder kann, gibt auf etwa eine handvoll Watte einige Tropfen Orangen- und Zitronenöl und stellt in jeden Raum eine Schale mit der duftenden Watte.

In vielen Fällen hilft dieses einfache und klare Ritual sehr schnell und das auch, wenn man vorher schon alles Mögliche versucht hat. Zum Abschluss steckt man noch ein kleines Lorbeerblatt unter die Schwelle oder deren unmittelbare Nähe und darf guter Dinge sein, dass es nun vorangehen wird mit dem Verkauf oder der Vermietung.

Natürlich kann man diese Pflanzenhelfer auch bei anderen Dingen, die man verkaufen oder vermieten möchte, verwenden. In diesem Fällen verfährt man ähnlich, indem man die entsprechenden Dinge zuerst symbolisch mit der Mischung aus Meersalz, Weißdorn und Königskerze reinigt. Dazu kann man sie vorsichtig damit abreiben oder (je nach Größe) eine Nacht lang direkt auf die Mischung betten. Anschließend werden sie dann wie beschrieben mit Zitronen- oder Orangenschalen abgeräuchert.

Mit ein bisschen Kreativität lässt sich dieses Verfahren vielfältig abwandeln, es basiert im Endeffekt darauf, das entsprechende Objekt zuerst zu reinigen und anschließend positiv aufzuladen.

Spirituelle Stärke

Grundlegende Korrespondenzen und passende Symboliken für eigene Zauberarbeiten

Farben

weiß (Klarheit, Reinheit, Ausstrahlung), schwarz (Abschirmung, in sich gehen, Kraft sammeln), blau (Unendlichkeit, innere Balance), violett [spirituelles Wissen, innere Tiefe, vereint rot (Kraft) und blau (Unendlichkeit)]

Edelsteine

Amethyst (spirituelle Kraft, Reinheit, tiefes Wissen fernab aller Oberflächlichkeiten, Meditation), Bergkristall (Klarheit), Hämatit (gut, wenn man es übertrieben hat mit den esoterischen Studien und erst einmal wieder in die innere Mitte finden will), Onyx (Abschirmen von Negativem, erdet), versteinertes Holz (sich erden, mit beiden Beinen auf dem Boden bleiben, Verbindung zur Kraft der Bäume als Weltenachsen)

Pflanzen

Angelika (Unterstützung aus lichtvollen Sphären), Beifuß (erleichtert den Kontakt mit anderen Ebenen, erdet dabei aber, so dass man nicht abhebt), Kokos (Klarheit des Geistes), Lavendel (Reinigung, Entspannung, Meditation, Hellsicht), Lorbeer (öffnet die Tore zum inneren Wissen), Melisse (klärt, verbindet Intuition, Geist und

Herz miteinander), Minze (innere Klarheit, wirkt öffnend auf die Intuition), Ringelblume (traditionell der Hellsicht und den intuitiven Fähigkeiten zugeordnet, als Tee innerlich oder auf die Augenlider gestrichen äußerlich)

Symbolische Dinge
Hexagramm (Einheit der Polaritäten), Pentagramm (Einheit der vier Elemente mit dem Göttlichen), Sonnen- und Mondsymbole, alle spirituellen Symbole und Zeichen, die den persönlichen Weg unterstützen

Planetenkräfte/Wochentage
Sonntag (spirituelle Kraft, besonders wenn man anderen damit hilft, Lebenskraft)
Montag (Intuition, Divination, das Wissen um die Kräfte des Wandels)
Mittwoch (Tag des Merkur: Trickster und oberster Magier, Kommunikation, Information, Wissen), Samstag (Saturntag: Wissen verdichten, Erfahrungen sammeln, Lernen durch die Härten des Lebens, die richtigen Lehren aus Ereignissen ziehen können)

Verbündete (Kraft)Tiere:
Bär (Ängste überwinden, mit Angst konstruktiv umgehen), Elefant (Glück, entspricht dem indischen Glücksgott Ganesha), Eule (Wissen und Weisheit), Kröte (magisches Wissen, Intuition, zwischen den Welten vermitteln), Kuh (Nahrung, genährt werden, innere Stärke finden), Lachs (keltischer Fisch des Wissens und der Klugheit), Ratte (gegen Pechsträhnen, sie kennen immer einen Trick, um durchs Leben zu kommen, Begleiter des Glücksgottes Ganesha), Wolf (Stärke in der Gemeinschaft) und natürlich alle persönlichen Krafttiere

Nicht abheben: Wie man gut geerdet bleibt

Die Beschäftigung mit spirituellen Dingen will gut dosiert sein, aber das gilt ja bekanntlich für alle Dinge im Leben. Wobei man hinzufügen muss, dass es in modernen Zeiten wohl eher das Problem besteht, überhaupt noch etwas Zeit für die eigene Spiritualität frei zu halten. Es gibt zwei Extreme: Die einen lassen ihre spirituellen Wurzeln völlig verkümmern, die anderen übertreiben es. Wenn man jeden Einkauf auspendelt, überall Verschwörungen gegen sich im Gange sieht und sich ohne den Rat einer Kartenlegerin nicht mehr an die praktischen Dinge des täglichen Lebens wagt, dann geht das zu weit.

Ich muss bei den folgenden Rezepten eine Einschränkung machen. Sie sind nicht geeignet für Personen, die aus tief gehenden psychischen Problemen heraus das innere Gleichgewicht verloren haben und dies in die Vermutung spiritueller Angriffe und Ähnliches kleiden. Es ist ein Unterschied, ob man eine Pechsträhne positiv beeinflussen möchte, damit es endlich wieder vorangeht, oder ob man sich auf eine krankhafte Weise verfolgt fühlt und allen möglichen Menschen unterstellt, dass sie einen verflucht hätten.

Leider bestehen solche Leute oft darauf, dass die Ursachen ihrer Probleme magischer Natur wären. Dann schickt die Nachbarin angeblich Fliegen vorbei, um einen in den eigenen vier Wänden auszuspionieren, man meint schwefelige Dämpfe um bestimmte Personen herum wahrzunehmen oder unterstellt den liebenswürdigsten Mitmenschen, sie würden einen magisch manipulieren. Man kann es nicht klar genug sagen: Wer sich in solchen Situationen gefangen sieht, benötigt für Heilung und den inneren Frieden die Hilfe von Fachleuten für die Seele. Und zum Glück ist es heutzutage kein Tabu mehr, so etwas in Anspruch zu nehmen.

Doch kommen wir zurück zu den ganz normalen Momenten, in denen man sich nicht so gut geerdet fühlt. Oft spielt da auch das ganz normale Leben hinein: Man hat Stress, ist überfordert (für die meisten ein unterschwelliger Normalzustand, wenn wir mal ehrlich sind, die Zahlen der Burnout-Erkrankungen sprechen eine klare Sprache) oder muss an mehreren Fronten gleichzeitig kämpfen. Gut geerdet zu sein ist mittlerweile auch eine psychische, nicht nur eine spirituelle Frage geworden. Die folgenden Rezepte können dabei helfen.

Die Nerven beruhigen

Ich habe hierfür bewusst magisches Brauchtum aus älteren Zeiten gewählt. Man merkt diesen Zaubern die enge Verbindung zur ländlichen Magie an. Will man sie als moderner Mensch nutzen, ist es umso wichtiger, sich Zeit zu lassen und sich innerlich zu öffnen – allein schon, dass sie einem etwas Muße abverlangen, macht sie so wertvoll, weil sie uns zum Innehalten zwingen. Diese Rituale stammen aus Zeiten, in denen man in einem völlig anderen Rhythmus lebte. Das fängt schon beim elektrischen Licht an und den diversen Zerstreuungsmöglichkeiten (man beachte die Doppeldeutigkeit des Wortes) der heutigen Zeit an.

Wenn man davon ausgehen kann, dass ein gebildeter Mensch des 19. Jahrhunderts in seinem ganzen Leben so viele Informationen konsumierte, wie sich heute in einer einzigen Ausgabe der New York Times finden, dann bekommen wir ein deutliches Gefühl dafür, wie schnell wir eigentlich leben.

Ich möchte betonen, dass Magie ein Helfer sein kann, um Luft zu holen, schwierige Zeiten zu überbrücken und neue Anstöße zu geben. Bei dauerhafter Überlastung, psychosomatischen Beschwerden und unklaren Situationen muss jedoch ein Arzt, Heilpraktiker oder psychologischer Berater als Unterstützung hinzugezogen werden. Dies schließt spirituelle Unterstützung nicht aus, aber man sollte sich niemals scheuen, von allen Möglichkeiten, die es gibt, zu profitieren, damit man neue Wege für sich findet.

Wolkenzauber

In der Magie unserer Vorfahren waren Wolken nicht einfach nur fliegender Wasserdampf. Sie wurden als Omen gelesen, man sprach ihnen sogar magische Kräfte zu. Ein besonders poetischer Wolkenzauber wird der Tradition der Sinti und Roma zugeschrieben. Man kann dafür sowohl die Sonne, als auch den Mond als Verbündeten wählen. Es ist empfehlenswert, die Sonne für die eher praktischen Fragen des Lebens zu wählen und den Mond für die spirituellen und gefühlsmäßigen Angelegenheiten zum Verbündeten zu machen, aber man kann das durchaus individuell erproben und seiner eigenen Eingebundenheit in die Kräfte von Mond und Sonne nachspüren.

Natürlich braucht man für diesen Zauber als Grundvoraussetzung ein paar Wolken und das jeweilige Gestirn am Himmel. Nun wartet man einen günstigen Moment ab, in dem eine Wolke auf die Sonne/den Mond zu zieht und hängt gedanklich seine Sorgen an die Wolke. Wer gut visualisieren kann, kann die Worte wie an eine Pinnwand an die Wolke heften. Danach zieht die Wolke vor die Sonne/den Mond und in diesem Moment wird sie von allen Energien gereinigt, die man ihr übergeben hat. Das mag sich etwas technisch anhören, aber es ist wichtig zu erklären, welche Vorstellungen eigentlich dahinter stehen.

Dieser Zauber kann auch unterwegs und ungeplant ausgeführt werden, wenn es sich vom Wetter her gerade anbietet. Wichtig ist nur, dass man weiß, was man möchte und ganz konkret formulieren kann, was man an die Wolke heften möchte, um es loszulassen.

Lavendelsalbe

Wir haben den Lavendel weiter oben schon als Liebespflanze kennengelernt, er ist jedoch nicht einseitig (das wäre auch schwer vorstellbar bei einer Pflanze, die einen ordentlichen Schuss Merkur-Energie hat), sondern spielt auch in der aromatherapeutischen Magie eine große Rolle. Für dieses Rezept benötigt man etwa 100 g Sheabutter (am besten die raffinierte, weiße Sorte), zehn Tropfen Lavendelöl, einen Teelöffel Lavendelblüten, einen Topf und ein kleines Glas oder eine Dose, die gut gereinigt wurde. Die genaue Menge des Lavendelöls kann man individuell variieren, je nach persönlicher Verträglichkeit, für dieses Rezept habe ich eine mittelstarke Menge gewählt.

Nach Belieben können auch noch einige wenige Tropfen Palmarosaöl (Harmonie) hinzugegeben werden. Beide Öle sind hautfreundlich, doch wie alle ätherischen Öle sollten sie bewusst eingesetzt werden, es sind nun einmal hoch konzentrierte Extrakte.

Die Sheabutter wird in einem Wasserbad sanft erwärmt, wenn sie flüssig wird, gibt man die Lavendelblüten hinein und rührt sie behutsam unter. Dies sollte nicht irgendwie, sondern ganz klar in magischer Absicht geschehen: Unsere Gedanken sind bei jedem Zauber eine entscheidende Zutat! Man kann dabei seinen Wunsch nach Ruhe und Entspannung leise summen, singen oder im Geiste wiederholen. Hat man das Gefühl, dass es stimmig ist, nimmt man das Gefäß aus dem Wasserbad und rührt nach kurzem Abkühlen vorsichtig das Lavendelöl unter. Die Sheabutter sollte dabei nicht zu heiß sein, damit das ätherische Öl durch die Wärme nicht gleich wieder verdunstet.

Bei Bedarf nutzt man diese Salbe auf den Schläfen, im Nacken, in der Ellenbeuge und in der Herzgegend, bis hinunter zum Bauch, der in stressigen Zeiten nicht selten rebelliert.

Für die Anfertigung der Salbe ist ein Mondstand in einem Erdzeichen (Stier, Jungfrau, Steinbock) günstig, denn sie wirken besonders gut erdend. Ob zunehmend oder abnehmend, ist in diesem Fall Ansichtssache: Man sollte es aber bei der Zielsetzung beachten, nämlich ob der Stress abnehmen soll (abnehmender Mond) oder ob die Gelassenheit zunehmen soll (zunehmender Mond). Voilà!

Pechsträhnen beenden

Manchmal ist es wie verhext und wenn es kommt, kommt es ganz dicke. Der Volksmund kennt sich aus, wenn es um Pechsträhnen geht, nur zur Lösung trägt er leider wenig bei.

Das Wichtigste ist in diesem Fall: positiv bleiben! Wer mit gesunder Selbstironie und einer guten Prise Humor die Täler des Lebens durchschreitet, macht es sich selbst um einiges leichter und ist zudem ein bedeutend besserer Partner für die guten Geister, um das Schicksal zu wenden.

Man sollte im Hinterkopf behalten, dass die spirituelle Welt nicht darauf angewiesen ist, mit uns zu arbeiten. Wer mit vorwurfsvoller Miene schimpfend seine Sorgen vorträgt, kann froh sein, wenn ihn kein göttlicher Nachttopf als Antwort trifft. Alles hat seine Zeit, auch Meckern, Schimpfen und Wut. Aber wenn man wieder auf die positive Seite des Lebens will, dann ist es wohl das Mindeste, dass man sich auch so benimmt und sich nicht an alten Groll klammert, denn der ist keine große Hilfe.

Süßes für Ganesha
Ganesha ist der indische Überwinder aller Hindernisse, als starker Elefant räumt er beiseite, was auf unserem Weg liegt. Und das, was er nicht schafft, das durchnagt seine kleine Begleiterin, die kluge, kleine Ratte. Ganesha hilft Geschäftsleuten, Schülern, Autoren, Lehrern, Studenten, aber auch allen, auf deren Weg sich Hindernisse auftürmen. Er hat einen Dickkopf, ist liebevoll, groß-

zügig und klug. Und er durchschaut sofort, wenn es selbstsüchtige Ziele sind, die jemanden antreiben. Man sollte ihn also mit Respekt behandeln.

Um eine Pechsträhne zu beenden, baut man Ganesha am besten einen kleinen Altar. Eine kleine Statue, eine Postkarte oder ein ausgedrucktes Bild aus dem Internet bilden das Zentrum. (Es gibt sogar Online-Tempel für viele indische Gottheiten, in denen man virtuell opfern kann, aber da die Erfolge nicht virtuell bleiben sollen, zieht man besser reale Opfergaben vor.)

Die Farbe von Ganesha ist rot, also: rotes Tuch, rote Kerzen, rote Steine, rote Deko ... Ein kleiner Hibiskus mit roten Blüten ist auch eine schöne Idee, auch gut gezuckerter, roter Früchtetee ist denkbar. Dazu Kokosnüsse oder Kokosraspeln und natürlich: Süßes! Ganesha ist nicht ohne Grund so rundlich, er ist ein Leckermäulchen und damit den meisten von uns recht seelenverwandt.

Wie man weiter verfahren möchte, das ist jedem selbst überlassen. Manche Menschen gehen in stille Zwiesprache, ins Gebet. Andere stellen ein feuerfestes Gefäß vor den Altar, schreiben ihre Sorgen auf ein Stück Papier und verbrennen sie. Manche machen einfach hin und wieder eine Kerze dort an und bitten Ganesha um seine Hilfe. Es gibt auch solche, die ein komplettes Pooja-Geschirr (Eine Pooja ist eine indische Verehrungszeremonie.) anschaffen, doch nach meiner Erfahrung hat Ganesha viel Verständnis dafür, dass europäische Verehrung nicht ganz so bunt und üppig ausfällt, wie ein Bollywoodfilm. Gottheiten sind größer als menschliche Grenzen, das Entscheidende findet im Herzen statt, nicht in den äußeren Dingen.

Glück anziehen

Nachdem wir gerade das Thema «Pechsträhnen beenden» hatten, könnte man sich fragen, wo denn der Unterschied zum «Glück anziehen» ist. Die volkstümliche Magie unterscheidet diese beiden Themen jedoch genau und in schwierigen Fällen wird eines nach dem anderen anvisiert: Zuerst wird das Pech bekämpft und nach dieser symbolischen Reinigung das Glück neu aufgebaut. Letztendlich kreisen alle Rituale und jede Magie um das Glück beziehungsweise um das, was jemand als Glück empfindet, denn Glück ist subjektiv.

Wo eine gute Freundin resigniert den Kopf schüttelt, sieht eine junge Frau ihren Traumprinzen. Was für den einen ein Knochenjob ist, ist für den anderen die Erfüllung und was die eine Frau schmunzelnd als charmante Ecken und Kanten an ihrer Schwiegermutter wahrnimmt, treibt die nächste in den Wahnsinn. Es bringt nichts, irgendjemandem vorzuschreiben, was Glück sein soll, weil man doch nur «sein Bestes» will. Dieser Spruch ist zum geflügelten Wort geworden und das nicht ohne Grund. Niemand kann wissen, was das Beste für andere ist – es ist für einen selbst schon schwierig genug, das abzuschätzen!

Ein allgemeiner Glücksmagnet

In der Magie überlebt manches länger, als es vielen bewusst ist. Viele magische Gegenstände nehmen wir gar nicht als solche wahr, weil sie für uns alltäglich sind. So verbreiten zum Beispiel Medaillons immer noch den Charme der guten, alten Zeit, als man eine Haarlocke des Geliebten oder später dann auch ein Foto von ihm oder ihr am Herzen tragen konnte.

Medaillons kann man aber auch noch ganz anders nutzen und das Beste daran: Sie sind absolut unauffällig! Im Alltag können nicht alle Menschen ein magisches Amulett oder andere «verdächtige» Dinge bei sich haben, ohne dass es Getuschel oder sogar Probleme geben würde. Außerdem wirkt Magie bekanntlich am besten, wenn niemand darum weiß, weshalb man Amulettschmuck manchmal besser im Verborgenen trägt.

Für diesen Glücksmagneten benötigst du ein nicht zu kleines Medaillon, eine kleine Tonkabohne (die zudem einen wunderbaren Duft verbreitet), einen kleinen Bergkristall, einen kleinen Amethyst und das Symbol des Jupiter mit violettem Stift auf ein Stück Papier gezeichnet. Am besten vereint man sie an einem Donnerstag im Medaillon. Gib dafür alle Zutaten in das Medaillon und weihe es dem Glück, indem du es durch Sandelholzrauch ziehst und das Glück um Unterstützung für all deine Vorhaben bittest. Doch schreibe dem Glück niemals vor, wie es zu dir kommen soll, denn damit baut man nur Hindernisse vor ihm auf.

♃

Exkurs: Was Magie und Apfelkuchen gemeinsam haben

Stell dir vor, es wäre ein lichtdurchfluteter Sonntagnachmittag. Du sitzt in einem Park, die Picknickdecke ist unter dir ausgebreitet, gerade wird der Kaffee eingeschenkt und vor dir steht er: ein selbst gebackener, saftiger, warmer Apfelkuchen, der seinen Duft verströmt und mit einem Tupfer Schlagsahne auf deinem Teller wartet. Wunderbar, nicht wahr?

Was das nun mit Magie zu tun hat? Eine ganze Menge. In meiner Arbeit erlebe ich immer wieder die Skepsis vieler Menschen, wenn es darum geht, selbst magisch aktiv zu werden. Ich habe schon darüber geschrieben, wie wichtig es ist, den eigenen Weg zu gehen und dem persönlichen Gespür als Allererstem zu vertrauen, vor jedem Buch, jedem Ratschlag und jeder angeblich unumstößlichen Regel.

Auf einen anderen Punkt bin ich aber noch nicht so genau eingegangen, weshalb ich es jetzt nachholen möchte. Viele magische Anfänger (aber auch einige der Fortgeschrittenen) treibt noch eine ganz andere Sorge um: Das, was ich bewerkstellige, ist bestimmt nicht so wirkungsvoll, wie etwas Gekauftes, weil ich das bestimmt nicht so gut kann. – Ich hoffe, ihr nehmt es mir nicht übel, wenn ich euch jetzt vom Kopf zurück auf die Füße stelle, in Ordnung?

Kommen wir zurück zu unserem selbst gebackenen Apfelkuchen. Natürlich kannst du ihn auch kaufen. Ein gekaufter Apfelkuchen kann ebenfalls sehr gut schmecken und je nach Bäcker oder Supermarkt ist er mit mehr oder weniger viel Liebe gemacht. Die Parallele zum Esoterikmarkt lässt sich da ganz anschaulich ziehen. Doch wenn wir ehrlich sind: Er ist nur selten so gut, wie das, was man selbst backen kann. Mit etwas Erfahrung und Übung. Die Parallelen zwischen Kochen und Magie sind immer wieder hilfreich, schließlich «kocht» man in einem Zauber auch neue Zutaten in das Kesselchen des persönlichen Schicksals hinein. Die keltische Göttin Cerridwen lässt grüßen. Hier ein paar Regeln für gelungene Hexenrezepte, seien es nun Rituale, Salben, Öle oder auch Meditationen, die man zusammenbraut:

Achte auf gute Grundzutaten, lieber weniger und dafür besser.

Lerne deine Zutaten kennen, bevor du sie benutzt. Auch hier ist weniger gegebenenfalls mehr. Lass dich nicht von «viel hilft viel» anstecken. Wenn du diesen Drang in dir bemerkst, meditiere darüber, wie die Hexen früherer Jahrhunderte ohne Esoterikshops ausgekommen sind und ziehe deine Schlüsse daraus.

Fang nicht mit Schwarzwälder Kirschtorte an, wenn du noch nie gebacken hast. Taste dich lieber über Plätzchen (zum Beispiel ein kleiner Kerzenzauber) und erste Rührkuchen (beispielsweise ein kleines Ritual, in dem du auch die vier Himmelsrichtungen beziehungsweise Elemente dazurufst) an die Materie heran.

Verwende Rezepte und Anleitungen, bis du sattelfest geworden bist mit der Materie. Achte darauf, dass sie aus guten Quellen stammen, nicht jedes Kochbuch hat diesen Namen auch verdient.

Wenn es einmal nicht so klappt, wie gewünscht: nicht verzagen! Alle Dinge im Leben wollen erst einmal erlernt werden.

Vergiss den Genuss nicht! Deine Arbeit sollte weder von Sorgen ob der Wirkung, noch von irgendeiner Form des «Es-muss-klappen-Virus» befallen sein. Arbeite nur dann, wenn du spürst, dass du es mit Freude tun würdest, falls nicht: verschiebe es. Kommt Zeit, kommt Rat.

Und wenn dein Lieblings«bäcker» die Zuckerkruste auf diesen ganz speziellen Kuchen so einmalig gut hinbekommt: Lass dich nicht von drögem Dogmatismus anstecken und hol ihn dir. Warum denn nicht? Wichtig ist nur, dass du dich nicht abhängig davon machst und meinst, du könntest kein bisschen backen. Auch in der Magie kann man zum Beispiel fertige Öle oder Räucherwerke mit eigenen Kreationen kombinieren. Das ist dann sozusagen die Fertigbackmischung. Und bei einigen Dingen, wie bei den Kerzen, wird es sogar recht selten sein, dass man sie selbst macht.

Wenn wir gerade dabei sind: Diskutiere nicht mit deinem Lieblingsbäcker über die Preise, denn damit signalisierst du ihm oder ihr, dass es dir das nicht wert ist. Und zwar auf allen Ebenen. Sei fair und behalte im Hinterkopf, dass eine handgemachte Torte in einer anderen Liga spielt, als ein eingeschweißter Blechkuchen vom Fließband. Das gilt auch und gerade in Bezug auf magische Produkte.

Die Allroundtalente – Pflanzen und Steine, die immer helfen

Nicht jeder kann oder möchte ein großes Arsenal an Pflanzen, Ölen, Steinen und anderen magischen Helfern anschaffen. Und nicht immer hat man die Möglichkeiten, bestimmte Zutaten zu bekommen, auch wenn das Internet diesbezüglich ein wahrer Segen ist, gerade für diejenigen, die in ländlichen Gegenden leben. Die folgenden Allroundtalente sind jederzeit gute Helfer und ersetzen im Fall der Fälle manch andere Zutat auf wirkungsvolle Weise.

Achat

Achate sind aufgrund ihrer natürlichen Bänderung und Farbenvielfalt beliebte Schutz- und Glückssteine, die in den verschiedensten Kulturen eingesetzt wurden und werden, um Glück und Zufriedenheit zu gewährleisten. Am besten sucht man sie direkt in einem Geschäft aus, jeder Achat ist eine kleine Persönlichkeit für sich, je nach Farbe, Form und Maserung sollte man sie ganz nach Gefühl wählen.

Bergkristall

Der klare, durchscheinende Bergkristall ist

durch seine Nicht-Farbe magisch vielseitig einsetzbar und kann (ähnlich einer weißen Kerze in der Kerzenmagie) als Ersatz für jede andere Steinfarbe benutzt werden. Mit Bergkristall kann man nichts falsch machen, er kann jeden Zauber unterstützen.

Carneol

Durch sein intensives Rot, die Farbe des Lebens, sind Carneole in besonderer Weise mit Glück, Schutz und Lebendigkeit verbunden. Sie sind nicht ganz so sanft und neutral, wie Achat oder Bergkristall, weshalb sie als «Allroundstein» auch für schwierigere Situationen geeignet sind, die man zum Guten wenden möchte, die allerdings etwas mehr Power erfordern.

Hämatit

Der schwarz-silbrige Hämatit ist ein ausgezeichneter Schutzstein, der seinen Träger vor Gefahren aller Art behütet. Als stark eisenhaltiger Stein hat er eine gehörige Portion Marskraft und hilft, sich durchzusetzen und seine Standpunkte erfolgreich zu wahren.

Türkis

Türkise werden oft als Schutzsteine beschrieben. Was viele Autoren jedoch zu übersehen scheinen: Es sind auch ausgesprochen fröhliche Steine, die gerne mit Menschen zusammen arbeiten. Das geht so weit, dass sie ihre Farbe verändern oder sogar Risse bekommen, wenn man sie überlastet hat. Türkise sind wie ein treuer Wachhund: Man sollte ihnen immer wieder Gutes tun und Pausen gönnen, damit sie für ihre guten Dienste angemessen entschädigt werden.

Babyöl (Mandelöl)
Viele Babyöle bestehen aus reinem Mandelöl (Prunus dulcis als erste Zutat in den Inhaltsstoffen) und äußerst sanften Duftstoffen in pudrigen Noten. Das macht sie zu einem großartigen Grundstoff für Anwendungen in Liebeszaubern, in der Fruchtbarkeitsmagie (das drängt sich ja geradezu auf ...), aber auch in magischen Ölen für ein harmonisches Zuhause. Alle sanften, harmoniebedürftigen und liebevollen Themen können damit angesprochen werden.

Minze [Öl (japanisches Heilpflanzenöl), Kraut, zur Not: Teebeutel]
Die Minze ist kühler Zunder, das heißt, sie verfügt über eine starke, nach vorne strebende Energie, die jedem Zauber einen besonderen Kick verleiht. Allerdings ist sie dabei nicht zu stürmisch, was bedeutet, sie schießt nicht über das Ziel hinaus, wie es heiße Pflanzen tun können (wie Chili oder Pfeffer). Mit Minze behält man einen kühlen Kopf, im übertragenen Sinne wie auch im wörtlichen und kommt dabei gut voran.

Orange (Öl, ungespritzte Schalen, kandiert aus der Backwarenabteilung, Orangensaft oder -likör)
Die Orange ist eine Sonnenpflanze par excellence, ihr ganzes Wesen wird von einer starken, fröhlichen Energie durchflutet. Sie ist einfach wunderbar und kann jedem Zauber einen sonnigen Kick verleihen oder selbst zum Mittelpunkt eines Rituales werden. Orangen ver-

treiben Negatives, sie sorgen für neuen Mut und Lebensfreude. Zauber zur Heilung oder für Harmonie profitieren genauso von ihr, wie Liebeszauber oder Geldmagie. Sie gehört zu den Pflanzen, die sich jedem Thema anpassen können.

Rosen (Blüten, Öl, ätherische Ersatzstoffe: Geraniumöl, Palmarosaöl)
Die Rose ist natürlich die Königin der Liebe. Für eigene Rezepturen sollte man darauf achten, dass sie aus biologischem Anbau stammen, da Rosen häufig gespritzt werden und das Zeug will man garantiert nicht in seinen Mischungen haben.

Ätherisches Rosenöl ist sehr teuer und kostbar. Pur verwendet empfinden es viele Menschen als unangenehm intensiv, weshalb man es unter anderem mit Mandelöl mischen kann.

Man kann es in magischen Rezepturen gleichwertig ersetzen, indem man Geraniumöl oder Palmarosaöl verwendet. Wie auch das Rosenöl, duften diese beiden pur verwendet sehr stark und sollten verdünnt werden, damit ein angenehmer Geruch entsteht. Ätherische Öle sind hochkonzentrierte Stoffe und gerade diese drei Düfte wirken unverdünnt etwas erschlagend, ihre feinen Nuancen und ihren blumigen Duft kann man erst verdünnt richtig genießen.

Rosmarin (Öl, Kraut)
Rosmarin ist so etwas wie das warme Pendant zur Minze. Er kann jedem Zauber beigegeben werden, um ihn zu verstärken, weil er die Eigenschaft hat, Negatives abzuwehren und die magische Energie zu erhöhen. Rosmarin kann aber auch ganz allein die Hauptrolle

spielen wie in einer Räucherung oder als Öl. Für Reinigungsräucherungen, Liebeszauber und zur Abwehr von Angriffen (welcher Natur sie auch sein mögen) ist er ein guter Verbündeter.

Olivenöl und Sonnenblumenöl > siehe Anhang

Exkurs: Der magische Kreis - ein Muss?

Wenn ich meine Zuschriften zu den Fragen der praktischen Magie einmal überblicke, dann beschäftigen sich 50 Prozent davon mit allen möglichen Themen und die anderen 50 Prozent betreffen den magischen Kreis. (siehe Basiswissen) Die Wahrnehmungen sind dabei sehr vielfältig. Für manche ist er eine Technik, die gerne auch im täglichen Leben angewendet wird. Beispielsweise indem man ihn im Geiste zieht, um sich in stressigen oder unangenehmen Situationen abzugrenzen und den eigenen Raum zu wahren. Andere empfinden ihn als hemmend und haben das Gefühl, dass er bei kleineren Zaubern durch seine Förmlichkeit den Energiefluss eher unterbricht, als unterstützt. Es ist wichtig, das feinfühlig für sich selbst wahrzunehmen.

Es gibt in magischen Kreisen sehr unterschiedliche Ansichten zu diesem Thema. Ich sehe es pragmatisch: Die meisten von uns arbeiten in ihrer magischen Praxis nicht mit Beschwörungen, die einen Bannkreis als solchen erforderlich machen und wenn das so wäre, dann wüssten sie gewiss, wie man ihn zieht. Ein magischer Kreis ist also nicht zwingend erforderlich und es springt einen auch nicht aus dem Nichts etwas Unheimliches an, wenn man lieber ohne ihn arbeitet.

In der modernen Magie erfüllt der Kreis ohnehin einen ganz anderen Zweck: Er schafft einen Raum für das Besondere, für unsere spirituelle Arbeit. Gewitzte Magier/innen werden an dieser Stelle einwerfen, dass er damit noch immer böse Geister bannt, sie heißen heutzutage: Stress, Ablenkung und mangelnde Zentrierung. Allesamt also «Geister», die man sich nur zu leicht einfangen kann im Multimediazeitalter mit seinen mannigfachen Überforderungen und Überreizungen.

Ich kann nur dazu ermuntern, beides auszuprobieren und für sich persönlich auszuloten, in welchen Situationen einem welche Variante lieber ist. Menschen sind so unterschiedlich, was den einen beflügelt, ist für den anderen die reinste Bremse, man muss es also ausprobieren!

Anhang

Die Welt der Basisöle

In magischen Rezepten sind zumeist ätherische Öle angegeben, die ihre Wirkung vor allem aus der Kraft ihres Duftes ziehen. Da das allgemein bekannt ist, möchte ich an dieser Stelle einmal auf die sogenannten fetten Öle zu sprechen kommen, die magisch ebenfalls sehr interessant sind.

Auch fette Öle und Pflanzenbutter sind zum Salben von Kerzen, um sich selbst oder Kraftgegenstände damit zu weihen und für viele weitere Anwendungen wunderbar geeignet. Oft sind sie gut bezahlbar und manche von ihnen finden sich in so gut wie jeder Küche (wie Oliven- oder Sonnenblumenöl). Aber auch seltenere Öle haben ihren Weg in diese Liste gefunden. Wer sich für Naturkosmetik interessiert, dem werden sie sicherlich vertraut sein. Im naturkosmetischen (Versand)Handel, in Apotheken, Bioläden und auch in manchen Drogerien mit Ökoabteilung wird man fündig werden.

Diese Öle sind auch ideal für empfindliche Personen, die mit Duftstoffen Probleme haben oder auch in homöopathischer Behandlung sind und daher in ihren magischen Rezepturen ungern auf ätherische Öle zurückgreifen.

Wer in dieser Hinsicht keine Probleme hat, kann die folgenden Beschreibungen der Öle natürlich auch zum Ausgangspunkt für eigene Ölmischungen mit ätherischen Ölen machen und sich die passenden Basisöle heraussuchen.

Aprikosenkernöl

Die Aprikose ist eine fröhliche, sonnige Pflanze. Ähnlich der Mandel erinnert ihr Kern an das weibliche Geschlecht. Aprikosenkernöl ist ein wunderbares Öl für Liebeszauber aller Art, von Harmonie bis Leidenschaft. Es ist auch sehr gut geeignet, um die (gesunde) Liebe zu sich selbst zu verstärken und um mit sich ins Reine zu kommen.

Avocadoöl

Durch seine intensiv grüne Färbung drängt sich das Thema Geldmagie natürlich geradezu auf. Abgesehen davon, hat die Avocado eine enge Beziehung zur Weiblichkeit, kann also auch in Liebeszaubern (eine der klassischen Farben des Liebesplaneten Venus ist grün) und in allen Bereichen, in denen man sich Wachstum und Gedeihen wünscht, eingesetzt werden. Es ist ein üppiges Öl, wer sich mit dem Tarot befasst: Es entspricht sehr gut der Energie der «Herrscherin».

Distelöl

Die Distel ist eine wehrhafte Pflanze, selbst wenn sie vollständig ausgetrocknet ist, verliert sie nicht ihre Form. Die spitzen Stacheln sind eine Signatur des kämpferischen Mars, ihre unveränderliche Form spricht die Sprache des bewahrenden Saturn. Mit Distelöl kann man Grenzen ziehen, es ist ausgezeichnet für abwehrende und schützende Zauber geeignet.

Aufgrund des Mars (der unter anderem für Männlichkeit steht) und der saturnischen «Standhaftigkeit», die in dieser Pflanze aufeinandertreffen, wird ihr vom Volksmund eine positive Wirkung auf die männliche Potenz zugeschrieben. In wie weit dies ins Reich der Fabeln gehört, wird jeder selbst probieren müssen.

Kakaobutter

Kakao steht für Wohlbefinden, man verbindet damit eine angenehme Stimmung und kuschelt sich im Geiste mit den wunderbaren Wirkstoffen der Kakaobohne ein. Sie ist eine ideale Zutat, um für Wohlbefinden und Harmonie zu sorgen. In magischen Rezepturen oder pur zum Beispiel auf Kerzen oder Teelichtern verwendet, empfehle ich sie vor allem Menschen, die sehr viel auf einmal zu bewältigen haben und dabei kaum noch Zeit für sich selbst finden. Auch dies kann in den heutigen Zeiten ein sehr gutes Ziel für einen Zauber sein: Raum für die eigene Regeneration gewinnen.

Kokosöl

Die Kokosnuss wird in afrikanischen und indischen Traditionen oft mit Weisheit und geistiger Reinigung verbunden. Ihre Form erinnert entfernt an einen Kopf und es gibt indische Rituale, in denen man in einer Zeremonie eine Kokosnuss zerschlägt, um den eigenen Kopf von Stress und negativen Gedanken zu befreien. Kokosöl ist daher ideal, um einen klaren Kopf zu bekommen und schwierige Situationen zu meistern. Es kann auch ganz allgemein für Reinigungen und zum Schlichten von Streit verwendet werden. Seine magische Wirkung ist kühlend und reinigend, so dass es manchen Hitzkopf besänftigen kann.

Maisöl

Mais ist eine Pflanze, die mit Fruchtbarkeit, Ernten und Wohlstand assoziiert wird. Die Maismutter wird bis heute in vielen Süd- und Mittelamerikanischen Gebieten verehrt. Maisöl ist ideal für langfristig aufbauende Wohlstandsmagie, aber auch als Retter in der Not, wenn man gerade klamm ist oder Schwierigkeiten hat, seinen Lebensunterhalt zu sichern.

Mandelöl

Wie oben schon erwähnt, ähnelt die Mandel dem weiblichen Geschlecht. Mandelöl ist daher ideal für jede Form des Zaubers, der weibliche Themen betrifft. Es ist ein Göttinnenöl, das man in der persönlichen, spirituellen Arbeit sehr gut einbringen kann. Für die Zauberei bietet es sich auch für die Liebe, die Harmonie, aber auch für Schutz- und Segenszauber für Kinder an.

Mineralöle, zum Beispiel Paraffinum Liquidum, Petrolatum (Vaseline)

Dass diese künstlichen Öle hier auftauchen, mag verwundern. Es gibt sie (in den Dimensionen der Magie gerechnet) noch nicht sehr lange und sie kommen auch nicht so gut weg, wenn es um ihren magischen Nutzen geht. Manche Traditionen verwenden sie für Zaubersprüche, die andere beherrschen und ihren Willen beeinflussen sollen.

Man muss in diesem Zusammenhang verstehen, dass nicht jede spirituelle Tradition von Begriffen wie Karma oder vom christlichen Kontext (Sünde zieht Strafe nach sich) eingefärbt ist. Andererseits glänzt auch unser Kulturkreis mit zahlreichen Überlieferungen, die ganz bestimmt nicht weißmagisch sind. Man kann dazu stehen, wie man möchte, aber im Sinne einer positiven Gesamtentwicklung der betreffenden Situationen sollte man auf solche Öle und Zutaten verzichten.

Olivenöl

Ein gutes Öl für Geldzauber und andere lebenspraktische Themen. Es kann auch pur, ohne weitere Zusätze als magisches Öl beispielsweise für Kerzen verwendet werden. Die Olive ist für sich genommen schon ein starkes Symbol für Wachstum, Fruchtbarkeit, Gedeihen und Frieden.

Palmöl

Palmöl ist ein rotes, würziges Öl, das man in vielen asiatischen Lebensmittelgeschäften kaufen kann. Wenn man es nicht gerade im Hochsommer kauft, ist es meist noch fest und eher wie eine Paste. Es ist ein gutes Öl für alle Angelegenheiten, in denen man sich durchsetzen möchte und um den eigenen Mut zu stärken. Palmöl bringt eine ordentliche Portion Power mit in jeden Zauber.

Rapsöl

Mit seinen leuchtend gelben Blüten steht der Raps natürlich für die Sonne und damit für einen lichtvollen, energetisierenden Einfluss. Die vielen, kleinen Samen stehen für Fruchtbarkeit und gutes Gelingen und das sollte bei dieser Pflanze nicht nur auf Geld oder wirtschaftlichen Erfolg gemünzt werden, sondern darf ruhig in einem größeren Kontext gesehen werden.

Sanddornöl

Das intensiv orangene Sanddornöl ist wie gemacht für heilende Zauber, besonders bei psychosomatischen Leiden, deren genaue Ursache sich immer wieder entzieht. Es kräftigt die Seele, hilft, positiver zu denken, ist dabei aber auch gut geerdet. Sanddorn verfügt über spitze Stacheln, die es erschweren, an seine Früchte zu kommen – eine schöne Symbolik für Frauen, die zu viel für andere, aber nur selten für sich selbst da sind. Ihnen kann die magische Verwendung von Sanddorn(öl) neue Impulse geben, um sich nicht ausnutzen zu lassen und genügend Raum für sich selbst zu finden.

Schwarzkümmelöl

Durch sein intensives Aroma zählt das Schwarzkümmelöl zumindest magisch schon fast zu den Duftölen. Seine exotische Note kann aphrodisierenden Zaubern eine besondere Note geben, das Thema ist eindeutig: Verführung und Weiblichkeit. Nicht immer muss das auf einen Mann oder eine Frau bezogen werden, es kann auch sehr hilfreich im Erkennen der eigenen Sinnlichkeit sein.

Sheabutter

Wer Sheabutter verwenden möchte, kann ruhig zur raffinierten Variante greifen. Unraffinierte Sheabutter hat eine leicht bräunliche Farbe und einen starken Eigengeruch, der nicht jedermanns Sache ist. Zudem wird sie viel schneller ranzig. Da auch die raffinierte Sheabutter in Bioqualität zu bekommen ist, würde ich zu dieser Variante raten.

Sheabutter steht für Reinheit und geistige Fruchtbarkeit. Sie hilft, Situationen zu klären. Da sie ansonsten relativ neutral ist, kann man sie für Salben verwenden, bei denen es vor allem auf die Zusatzstoffe (ätherische Öle, Kräuter, Wurzeln und so weiter) ankommt. Sheabutter eignet sich vorzüglich, um sich damit zu salben (siehe weiter hinten im Anhang), aber natürlich auch für Kerzenzauber oder auch in der Magie mit Wunschzetteln.

Sonnenblumenöl

Sonnenblumenöl ist in den meisten Haushalten vorrätig und wie die Orange, zählt auch die Sonnenblume (der Name ist kein Zufall) zu den Gewächsen, die dem magischen Planeten Sonne zugeordnet werden. Allerdings ist die Energie der Sonnenblume nicht ganz so spritzig wie die der Orange. Die Sonnenblume eignet sich besser für längerfristige Ziele, sie schwingt etwas langsamer, dafür aber ausdauernder in ihrer Kraft.

Traubenkernöl

Traubenkernöl ist ein dünnflüssiges, leichtes Öl, das magisch sehr flexibel eingesetzt werden kann. Trauben beziehungsweise der Wein als solches stehen für die Erweiterung des Geistes, um für neue Möglichkeiten offen zu sein. Wein wurde in alten Kulturen auch zeremoniell eingesetzt und das Traubenkernöl ist eine gute, nicht alkoholische Möglichkeit, die kulturell gewachsene Bedeutung dieser Pflanze in einen Zauber einzubeziehen. Traubenkernöl gibt magischen Zaubern eine gewisse Leichtigkeit, es ist ideal für Angelegenheiten, die man nicht mehr so schwer nehmen möchte, wie man es immer noch tut, wie das Ende einer Beziehung oder ein beruflicher Rückschlag.

Walnussöl
Die Walnuss gilt aufgrund ihrer Form in der Pflanzenheilkunde als eine Nuss mit positiver Wirkung auf den Geist und das Gehirn. Ihr Öl ist also durchaus denkbar für Zaubereien rund um Prüfungen, das Lernen und für gute Einfälle. Wie alle Nüsse symbolisiert sie aber auch die Fruchtbarkeit: Eine Nuss beherbergt einen Kern in einer schützenden Schale. Diese Analogie zum weiblichen Körper, der ein Kind austrägt, ist unseren Vorfahren natürlich nicht verborgen geblieben.

Wildrose (Hagebuttenkernöl)
Liebe, Liebe und nochmals Liebe. Womit ich nicht nur meine, sich einen Mann/eine Frau zu angeln, sondern die Liebe als umfassendes Konzept. Respektvolle Liebe zu sich selbst, Liebe zu den Kindern, zu Freunden, den Haustieren oder einem Garten. Liebe zu Büchern oder Bäumen – man kann (fast) alles lieben, darüber hat niemand zu urteilen, denn jedem Menschen liegen andere Dinge am Herzen. Früher wurden Hobbys oft als Liebhaberei bezeichnet, was diesen Gedanken auch zum Ausdruck bringt.

Um diese ganz persönlichen Liebesbeziehungen zu pflegen und zu hegen, ist Wildrosenöl ideal. Es kann eingesetzt werden, um die Liebe zu fördern, aber auch, um Hindernisse aus dem Weg zu räumen. Es wäre also durchaus denkbar, mit Wildrosenöl zu arbeiten, um sich den Traum vom eigenen Garten endlich zu erfüllen. Ich kann es nicht oft genug betonen: Liebe ist mehr als nur Paarbeziehungen. Liebe ist der Kitt, der dieses Leben zusammen hält und sie kennt mehr Gesichter, als sich die meisten von uns träumen lassen.

Sich selbst salben – How To

Klassische Stellen um sich zu salben

Schläfen: für Konzentration, spirituelles Wachstum

Stirn: spirituelles Wachstum, Hellsicht, Klarsicht, klare Gedanken und gute Entscheidungen

Handflächen: das Glück anpacken, im wahrsten Sinne des Wortes, um Gegenstände oder Personen damit zu berühren

Wo das Blut dicht unter der Haut pulsiert: zum Beispiel Kniekehlen, Handgelenke, Knöchel; diese Stellen werden weniger wegen ihrer Symbolik verwendet, als vielmehr aufgrund der Wärme, die wir dort abstrahlen. Da die Haut an diesen Stellen, auf die man ja auch klassischerweise Parfum aufträgt, sehr dünn ist, ist sie entsprechend wenig isoliert und durch die frei werdende Wärme entfalten sich die Düfte besonders intensiv.

Nacken: der Nacken ist in vielen Traditionen eine Ein- und Austrittsstelle für Geistwesen in den menschlichen Geist, auch wir kennen den Ausdruck «Mir sitzt etwas im Nacken». Das kann eine unangenehme Person oder ein negativer Lebensumstand sein, der die Stimmung trübt. In diesem Fall kann der Nacken mit reinigenden und erfrischenden Ölmischungen gesalbt oder auch mit Kräuterauflagen behandelt werden, um die Last von den Schultern zu nehmen.

Herzgegend: natürlich für die Liebe, aber auch Familienfragen und alle Dinge, die einem zu Herzen gehen

Leistengegend: für erotische Liebe und Lebenskraft; auch wenn es manche Bücher leichtsinnig empfehlen: Ölmischungen und ätherische Öle haben für magische Zwecke nichts in der direkten Liebeszone verloren.

Fußsohlen: Die Fußsohlen gelten symbolisch als unser Abdruck und damit als etwas, das wir von uns hinterlassen. Die Vorstellung beim Einsalben ist daher recht einfach erklärt: Behandelt man die Fußsohlen, dann behandelt man damit auch unseren (energetischen) Abdruck auf Mutter Erde und geht in Kontakt mit ihren fruchtbaren Kräften.

Heute trägt man die meiste Zeit Schuhe, doch dieser Brauch hat trotzdem überlebt, wobei manche anstelle der Fußsohlen lieber die Sohle ihrer Schuhe salben. Am besten ist es, wenn man ganz bewusst die Füße salbt und barfuß (zum Beispiel auf einem Weg in der freien Natur) über die Erde geht, um mit ihr in Kontakt zu treten.

An den Körperseiten entlang: Bei dieser Technik beginnt man wahlweise am Kopf oder den Fußsohlen und salbt sich entlang der äußeren Silhouette des Körpers, so als wollte man ihn rundum mit einem Band umgeben.

Die Richtung:

von den Sohlen nach oben: um etwas symbolisch emporzuheben und anzuziehen (von den materiellen Kräften der Erde ausgehend), um sich zu erden, die innere Mitte zu finden vom Kopf nach unten: um etwas symbolisch hinunterzubringen und anzuziehen (von den lichten Kräften des Himmels ausgehend), Inspiration zu empfangen, das Bewusstsein zu erhöhen und sich auf den Empfang hilfreicher Einflüsse «von oben» einzustellen.

Für Liebesöle:
Gib einen kleinen Tupfer Öl auf die Mitte des Kopfes (Keine Sorge, es geht nicht um die Masse, sondern um die Substanz als solche, man muss also keine fettigen Haare riskieren.), danach einen Tupfer auf die Herzgegend, auf den linken und den rechten Puls, auf die rechte und dann die linke Leistengegend und auf die linke und danach die rechte Fußsohle.

Ausgewählte Korrespondenzen nach Planeten

Sonne

Themen: Lebensfreude, Wohlbefinden, die schönen Dinge des Lebens, Freundschaften, Ausstrahlung, Kreativität, Erholung, Glück, angeborene Talente fördern, eben alles «sonnige» – daher kann der Sonntag für jedes Thema genutzt werden, das man mit positiver Energie versorgen möchte

Farben: gelb, orange, golden

Pflanzen: Akazienblüten und Gummi Arabicum (Akazienharz), Angelika, Arnika, Augentrost, Benzoe, Bromelie, Eiche, Esche, Glockenblume, Hamamelis, Kamille, Klee, Lemongrass, Lorbeer, Mastix, Mistel, Nelken (Blume), Olive, Palmen, Raute, Ringelblume, Rosmarin, Safran, Schlüsselblume, Schöllkraut, Sesam, Sonnenblume, Sonnentau, Wacholder, Walnuss, Weihrauchharz, Wein, Zeder, Zimt, alle Zitrusfrüchte

Steine: Diamant, Heliotrop (Sonnengott Helios lässt grüßen ...), Rubin, Goldtopas, Zirkon, Bernstein, Rutilquarz

(Kraft)Tiere: Löwe, Adler, Biene, Pferd, Falke, Katzen (die Großen), Luchs, Salamander

Mond

Themen: Fruchtbarkeit, Intuition, weibliches Wissen, Kräuterwissen, Kinder und Ungeborene, Geburten,

Wandel und Veränderung, Situationen wandeln, Hellsicht, Magie

Farben: weiß, silber, grau

Pflanzen: Algen, alle weißen Blumen, Aloe, Bärlapp, Baumwolle, Beifuß, Champignons, Eukalyptus, Gardenie, Gurke, Jasmin, Kalmuswurzel, Kamelie, Kampfer, Klettenlabkraut, Kohl (alle Sorten), Kürbis, Lilien, Lotos, Malve, Melone, Mimose, Mondraute, Moose, Myrte, Portulak, Salatköpfe, Schilf, Vogelmiere, Weide

Steine: Bergkristall, Perlen, weiße Korallen, Smaragd, Jade, Mondstein, weiße Achate, Opal, Aquamarin, weißer Onyx, Marmor, Alabaster, Amazonit, weißer Chalcedon, Katzenauge, Feldspat, Morganit

(Kraft)Tiere: alle besonders fruchtbaren oder mythisch mit dem Mond verbundenen Tiere, Aal, Ente, Eule, Otter, Frösche, Garnelen, Krebse, Hase, Huhn, Hauskatze, Kranich, Kuh, Muscheln, Motten, Reiher

Mars
Themen: Kampf, Sieg, Selbstbehauptung, die Kraft Dinge umzusetzen und in Bewegung zu bringen, Vitalität, Lust, Mut

Farben: rot (besonders die helleren Töne)

Pflanzen: Agave, Bärentraube, Stinkasant, Chili, Drachenblut Harz, Hopfen, Galgant, Hagedorn, Ingwer, Koriander, Knoblauch, Kresse, Lauch, Lein, Löwenmäulchen, Meerrettich (Kren), Nesseln, Palmlilie (Yuccapalme), Pfeffer, Piment, Rettich, Senf, Stechpalme, Tabak, Weißdorn, Wermut, Zwiebeln

Steine: Jaspis, Rubin, Hämatit, Turmalin, Feuerstein, Magnetstein, Carneol

(Kraft)Tiere: alle kämpferischen Tiere, Widder, Skorpion, Hahn

Merkur
Themen: Geschäft, Kommunikation, Werbung, Prüfungen, Erfolg, Humor, Daten aller Art, Fotografie, Lernen, Theoretisches umsetzen, Reisen, Bewegung

Farben: gelb, helles Blau, bunt gemixt, pastellig

Pflanzen: Alant, Baldrian, Bohnen, Bohnenkraut, Dill, Eisenkraut, Espe, Farn, Fenchel, Fünffingerkraut (Helping Hand), Haselnuss, Kaffee, Kerbel, Lavendel, Majoran, Mastix, Maulbeere, Minze, Muskatblüte (Macis), Paranuss, Sellerie, Süßholz, Teestrauch, Thymian, Waldmeister

Steine: Achat, Smaragd, Topas, Beryll, Carneol (die eher orangenen Varianten), Bergkristall

(Kraft)Tiere: alle gewitzten und klugen Tiere (wobei Fabeln und Mythen eine wichtige Rolle in dieser Bewertung spielen) Affe, Elster, Fuchs, Grille, Ameise

Jupiter
Themen: Wohlstand, Wachstum, Führerschaft, Ehre, Reichtum, Recht, Großzügigkeit, Respekt (bekommen), Dinge ausdehnen und vergrößern, der gute Ruf

Farben: blau (mittel), grün (dunklere Töne), indigo, purpur, violett

Pflanzen: Ahorn, Ampfer, Anis, Borretsch, Kastanie, Gewürznelke, Leberblümchen, Löwenzahn, Mammutbaum, Melisse, Muskat, Nussbäume, Odermenning, Olive, Salbei, Sassafras, Thymian, Ysop, Eiche

Steine: Amethyst, Saphir (dunkel), Türkis

(Kraft)Tiere: alle großen und schweren Tiere, Adler, Bär, Elefant, Hamster (er ist nicht gerade groß und schwer, hier ist das sprichwörtliche Hamstern das Entscheidende), Hirsch, Hund, Nilpferd, Schwein, Strauß

Venus
Themen: Schönheit, Liebe, alle Künste, Partys und Vergnügungen, Schmuck, Düfte, Tanz, Musik – alles, was das Leben sexy macht

Farben: grün (hellere Töne) war die klassische Farbe der Venus, heute verwenden viele Praktiker eher rosa, pink oder Pfirsichtöne

Pflanzen: Ackelei, Apfel, Aprikose, Avocado, Brombeere, Damiana, Feige, Flieder, Frauenhaarfarn, Frauenmantel, Geranie, Granatapfel, Heidelbeere, Hibiskus, Himbeere, Holunder, Hyazinthen, Iris, Kardamom, Katzenminze, Kirsche, Linde, Magnolie, Mandel, Narde, Orchideen, Passionsblume, Pflaume, Pfirsich, Quitte, Rainfarn, Rose, Thymian, Tonkabohne, Tränendes Herz, Vanille, Veilchen, Wicke, Zuckerrohr (-rübe, und Ähnliches)

Steine: Lapislazuli, Koralle, Saphir, Türkis, Aventurin

(Kraft)Tiere: alle besonders herausgeputzten und bunten Tiere, sowie die tierischen (Gesangs)Künstler, Amsel, Fasan, Flamingo, Lerche, Mandarinente, Nachtigall, alle Papageien, Pfau, Schwan, Tauben

Saturn – manche Pflanzen sind giftig! *

Themen: Hartnäckigkeit, langfristige Pläne, Erstarrung, Dinge verlangsamen und verfestigen, Erbe, esoterisches Wissen, Weisheit, Hindernisse (die nicht selten eine wertvolle Lektion bereithalten), Strenge, Konzentration, Dauerhaftigkeit

Farben: dunkles Blau, schwarz, braun, dunkles Grau

Pflanzen: Amaranth, Beinwell, Bilsenkraut*, Bittersüßer Nachtschatten*, Buche, Eibe*, Efeu*, Helmkraut, Hirse, Hirtentäschl, Kartoffel, Königskerze, Patchouli, Rote Beete, Schachtelhalm (Zinnkraut), Stechapfel*, Tamarinde, Tollkirsche*, Ulme, Zypresse

Steine: schwarzer Onyx, Rauchtopas, Malachit, Achat, Jaspis, alle Versteinerungen und Fossilien, Gagat (Jett)

(Kraft)Tiere: alle Tiere, die auch im Kargen gut zurechtkommen oder mit dem Tod verbunden werden (wie die Aasfresser): Dingo, Esel, Geier, Gemse, Hyäne, Käfer, Krähe, Krokodil, Maultier, Rabe, Reptilien generell, Schildkröte, Schlange, Spinne, Steinbock, Wurm, Ziege

Ausgewählte Korrespondenzen nach Elementen

Luft

Themen: Gedanken, klare Grenzen ziehen, Bewegung, frischer Wind (in Angelegenheiten)

Farben: helles Blau, zartes Gelb, weiß, pink und Pastelltöne, Mischfarben (zum Beispiel orange)

Pflanzen: alle besonders aromatisch duftenden Pflanzen, wie Eisenkraut, Thymian, Lemongrass, Lavendel, Kümmel, Anis, Minze, Zitrusfrüchte

Steine: Zitrin, Bergkristall, Topas, Beryl

(Kraft)Tiere: Vögel, Drachen (mythisch), Schmetterlinge, grundsätzlich alle fliegenden Tiere

Feuer

Themen: Wille, Energie, Tatkraft, Inspiration

Farben: rot, orange, weiß (wie weißglühende Kohlen, als Symbol höchster Glut)

Pflanzen: alle scharfen, spitzen oder besonders wehrhaften Pflanzen, Kakteen, Brennnessel, Chili, Zwiebeln, Knoblauch

Steine: Feuerstein, Feuerachat, Karneol, Rubin, Granat, Jaspis

(Kraft)Tiere: Salamander, Echsen, Pferd

Wasser

Themen: Gefühle, Beweglichkeit, Tiefgründigkeit, das Seelenleben vom körperlich-psychischen bis in den spirituellen Bereich hinein

Farben: grün, blau, grau, türkis und alle Mischtöne daraus bis ins leicht zartviolette

Pflanzen: alle wässrigen Pflanzen (sei es, dass sie im Wasser wachsen oder besonders viel Wasser enthalten), Sukkulenten, Salat, Kohl, Melonen, Algen, Tang, Seerosen, Schilf, Weide (durch ihre Liebe zum Wasser), Erle

Steine: Aquamarin, Perlen, Korallen, Amethyst

(Kraft)Tiere: Fische, Quallen, Schnecken, Muscheln, Delphine, Wale, Frösche, Kröten, Reiher (wie alle Vögel immer auch: Luft), Enten, Schwäne, Blesshühner und so weiter

Erde

Themen: Standpunkte finden, sich verwurzeln, eine Heimat haben, Nahrung für den Körper, Schwere, Langsamkeit, Wachstum (nicht schnell und hektisch, sondern ein Stein auf den anderen)

Farben: braun, ocker, rotbraun, sandige Gelbtöne, schwarz, grün

Pflanzen: alle Wurzeln, Bohnen, alle Getreide, Mais, Reis, Patchouli, Vetiver, Zypresse, alle Bäume (als Symbole dauerhaften Wachstums und der Verwurzelung)

Steine: alle – naturgemäß!, speziell für das Element Erde kann man zum Beispiel versteinertes Holz, braunen Jaspis, Onyx oder Rauchquarz wählen

(Kraft)Tiere: schwere, große Landtiere wie Bär, Stier, Schwein, Kuh